O Esporte Paralímpico no Brasil

INSTITUTO PHORTE EDUCAÇÃO
PHORTE EDITORA

Diretor-Presidente
Fabio Mazzonetto

Diretora Financeira
Vânia M. V. Mazzonetto

Editor-Executivo
Fabio Mazzonetto

Diretora Administrativa
Elizabeth Toscanelli

CONSELHO EDITORIAL

Educação Física
Francisco Navarro
José Irineu Gorla
Paulo Roberto de Oliveira
Reury Frank Bacurau
Roberto Simão
Sandra Matsudo

Educação
Marcos Neira
Neli Garcia

Fisioterapia
Paulo Valle

Nutrição
Vanessa Coutinho

O Esporte Paralímpico no Brasil
Profissionalismo, administração e classificação de atletas

Renato Francisco Rodrigues Marques
Gustavo Luis Gutierrez

São Paulo, 2014

O esporte paralímpico no Brasil: profissionalismo, administração e classificação de atletas
Copyright © 2014 by Phorte Editora

Rua Treze de Maio, 596
CEP: 01327-000
Bela Vista – São Paulo – SP
Tel./fax: (11) 3141-1033
Site: www.phorte.com.br
E-mail: phorte@phorte.com.br

Nenhuma parte deste livro pode ser reproduzida ou transmitida de qualquer forma, sem autorização prévia por escrito da Phorte Editora Ltda.

CIP-BRASIL. CATALOGAÇÃO NA PUBLICAÇÃO
SINDICATO NACIONAL DOS EDITORES DE LIVROS, RJ

M315e

Marques, Renato Francisco Rodrigues
    O esporte paralímpico no Brasil : profissionalismo, administração e classificação de atletas / Renato Francisco Rodrigues Marques, Gustavo Luis Gutierrez. – 1. ed. – São Paulo : Phorte, 2014.
    304 p. : il. ; 21 cm.

    Inclui bibliografia
    ISBN 978-85-7655-475-2

1. Atletas com deficiência – Brasil. 2. Paralimpíadas. I. Gutierrez, Gustavo Luis. II. Título.

13-06525		CDD: 796.0456
		CDU: 796

---

ph1597.1

Este livro foi avaliado e aprovado pelo Conselho Editorial da Phorte Editora.
(www.phorte.com.br/conselho_editorial.php)

Impresso no Brasil
Printed in Brazil

Dedicamos esta obra a nossos
queridos familiares
Carla, Regina,
Priscilla, Cristina,
Diego e Gabriel.

Agradecimentos

Agradecemos ao Comitê Paralímpico
Brasileiro pelo apoio e, especialmente,
aos sujeitos da pesquisa, pela
disponibilidade e seriedade
com que pautaram sua
participação.

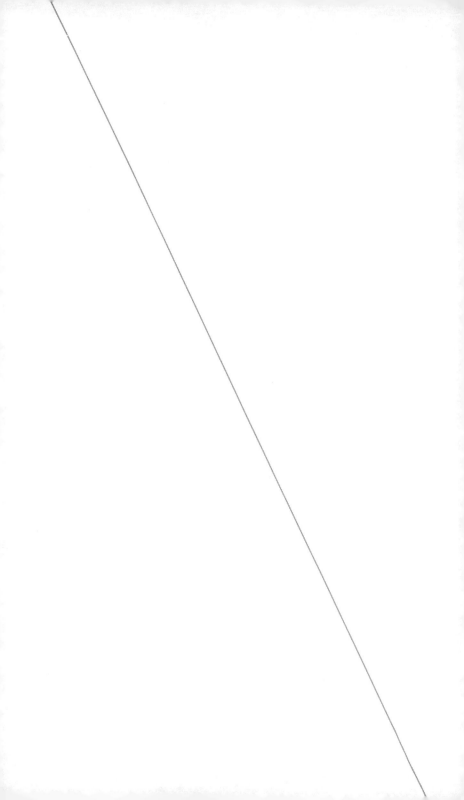

Prefácio

Esta obra é uma homenagem ao Esporte Paralímpico e à sociedade brasileira, pois retrata, de maneira cuidadosa e significativa, a relação entre o esporte e a sociedade contemporânea, propiciando a nós, leitores, acesso ao conhecimento teórico sobre esse grande fenômeno cultural e, o mais importante, inspiração para novas reflexões.

À vista de tais possibilidades, novas contribuições ao crescente desenvolvimento do Esporte Paralímpico deverão surgir, e isso inclui, como reflexo das ações sociais esperadas, também o desejo de vitalidade do Esporte Adaptado Brasileiro.

Os professores, Dr. Renato F. R. Marques e Dr. Gustavo L. Gutierrez, ao elegerem e desenvolverem o tema *O esporte paralímpico no Brasil: profissionalismo, administração e classificação de atletas*, uma relevante manifestação sobre um dos fenômenos mais populares do mundo, tiveram o cuidado e a perspicácia de se apoiarem em estudiosos e catedráticos sobre o assunto, bem como em significativos depoimentos. Assim, acima de uma problematização sobre a deficiência, ressalta-se aqui a "problematização" da pessoa com deficiência e de suas potencialidades, dos esportistas e do esporte, ou seja, de todos esses elementos como agentes influenciados e/ou influenciadores sociais.

Os autores, tomados por um impulso recorrente de uma cultura intelectual própria de seu convívio, tiveram a sensibilidade de unir o conhecimento acadêmico com as necessidades e manifestações da sociedade. Fica evidente nesta obra a contextualização, a sistematização e a originalidade com que os autores abordam a sociologia do esporte, buscando compreendê-lo como um fenômeno cultivado, mas por vezes não compreendido pela sociedade e pelos próprios estudiosos da referida temática. Assim, faz-se notar que todo projeto que traz consigo desafios, traz uma dose de crítica e de transformação.

Enfim, o maior desafio desta obra, creio, pousou no árduo trabalho para uma conexão entre estudos sobre a sociologia do esporte, com destaque ao Paralímpico, e a busca de informações a campo que traduzissem a compreensão do papel do "esporte como um fenômeno constituinte da sociedade contemporânea".

Resta a nós, leitores, saborear esta atraente obra que, num misto de leitura prazerosa, consistente e corajosa, traz-nos o retrato sonhado e realizado de uma nação.

Professor Doutor José Júlio Gavião de Almeida
Docente da Faculdade de Educação Física
da Universidade Estadual de Campinas

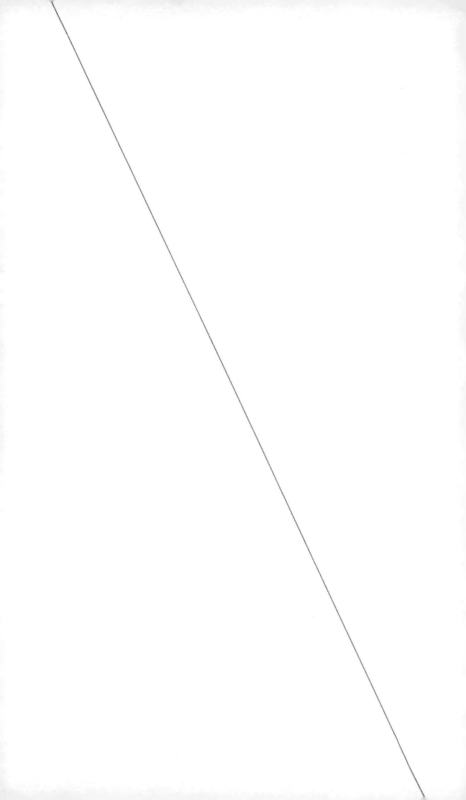

Sumário

Introdução: A sociologia do esporte e o movimento Paralímpico 13

1 A conformação do campo do esporte contemporâneo 35

2 Deficiência como conteúdo sociocultural e a conformação do subcampo do esporte adaptado 73

2.1 Deficiência e inclusão no esporte adaptado 75

2.2 Esporte adaptado como forma de manifestação do esporte contemporâneo .. 101

3 As formas de manifestação do esporte adaptado na sociedade contemporânea 117

3.1 Formas e espaços de expressão e atuação do esporte adaptado 120

3.1.1 O CISS e a organização do esporte para pessoas com deficiência auditiva no mundo 122

3.1.2 As Olimpíadas Especiais e o esporte em um sentido ressignificado 125

3.1.3 O Comitê Paralímpico Internacional e os Jogos Paralímpicos 132

3.1.3.1 As organizações federativas do movimento paralímpico, suas ligações com o IPC e as competições regionais 148

3.1.4 O esporte paralímpico no Brasil 157

4 As esferas de análise: classificação de atletas, profissionalismo e administração do esporte paralímpico 185

4.1 Componentes sociais dos Jogos Paralímpicos 187

4.1.1 Processo de classificação de atletas ou classificação esportiva do esporte adaptado 189

4.1.2 Componentes do processo de profissionalismo e administração no esporte paralímpico 205

5 Resultados e discussão: o subcampo do esporte paralímpico brasileiro .. 223

5.1 Classificação de atletas 226

5.2 Profissionalismo no esporte paralímpico 237

5.3 Presença da pessoa com deficiência em órgãos de administração do esporte paralímpico 256

Considerações finais 265

Referências 283

Introdução:
A sociologia do esporte
e o movimento
paralímpico

Estudar o esporte como fenômeno constituinte da sociedade contemporânea significa tentar compreender seu papel, suas formas de manifestação e os valores que transmite para os indivíduos que com ele se relacionam. Nessa questão insere-se, entre outros objetos, o esporte adaptado, representado, entre outras formas, pelo esporte paralímpico.

Como forma de análise deste fenômeno, em uma perspectiva social, ligada às relações entre ele e o meio de interações humanas, a sociologia do esporte se apresenta como alternativa e meio de abordagem. Essa forma de ciência se ocupa do esporte desde o século XIX, procurando avançar na reflexão sobre aspectos como sua origem, importância e as relações culturais, de poder e religiosas que o permeiam. Nessa relação, a área da sociologia tanto fornece subsídios para a sociologia do esporte quanto recebe contribuições dela para suas diversas disciplinas temáticas (Pilz, 1999).

As transformações sociais do fenômeno esportivo e os impactos ou as influências que exerce sobre os hábitos dos indivíduos que tomam contato com esse universo, ou seja, as inter-relações entre a manifestação do fato esportivo e a sociedade, constituem o objeto da sociologia do esporte. É importante considerar que, como objeto de estudo, o esporte tem sua evolução, valores e conquistas atrelados à sociedade em que se insere, portanto é uma prática que deve ser contextualizada no tempo e no espaço de sua socialização.

O esporte, como instituição social, não deve ser analisado fora de suas dimensões sociais, não sendo simplesmente uma prática autônoma e sim um fenômeno que contribui de forma decisiva para a interpretação da realidade social (Richter et al., 1992).

Insere-se, nesse processo, a necessidade de adoção de referenciais teóricos ligados a essa forma de conhecimento, delimitando diretrizes de trabalho e critérios de análise. Como possibilidade para tal, tem-se a obra de Pierre Bourdieu. Esse importante autor francês empreendeu uma investigação sociológica do conhecimento, que detectou um jogo de dominação e reprodução de valores em diferentes esferas da sociedade.

A teoria sociológica de Pierre Bourdieu se apoia no jogo de dominação existente em todas as áreas da sociedade. Isso ocorre em virtude da distribuição desigual de bens e do acesso diferenciado a eles, de acordo com a posição que cada agente ocupa em seu espaço social. Essa diferenciação social parte da consideração de que existem campos sociais de disputas, ou seja, espaços de posições em que os indivíduos buscam reconhecimento e ascensão social pela posse de formas de capital simbólico desse ambiente.

Um campo se caracteriza, entre outros aspectos, pela definição dos objetos de disputa e dos interesses específicos relativos a esses objetos que só são compreendidos e valorizados por quem faz parte desse espaço (Bourdieu, 1983). No campo, os agentes disputam o direito da violência simbólica ou da autoridade específica, ou seja, o poder de orientar a conservação ou as mudanças da estrutura de distribuição de capital, com base em seu reconhecimento como sujeito ascendido socialmente (Bourdieu, 1983). Espaços

Introdução: A sociologia do esporte e o movimento Paralímpico

sociais menores, que se encontram na dependência de leis próprias dos campos, são chamados por esse autor de subcampos, tendo as mesmas estruturas entre eles. Por exemplo, o esporte paralímpico pode ser apontado como um subcampo do esporte contemporâneo.

Bourdieu cria um conceito muito importante, a ideia de *habitus*, que se coloca como uma organização estruturante, ou seja, que norteia as formas de ação dos indivíduos (práxis), mas que é estabelecido de acordo com as leis do campo e os caminhos específicos para a disputa e a aquisição de capital (Bourdieu, 1983, 1996).

As diferentes espécies de capitais, como trunfos em um jogo, são os poderes que definem as probabilidades de ganho individual ou coletivo em um campo determinado. Têm-se quatro formas essenciais de capital que norteiam as disputas e que se inter-relacionam de forma específica dentro de cada campo: capital econômico (quantidade de dinheiro do agente), social (referente ao seu círculo social e de relações interpessoais), cultural (referente a seu aprendizado e conhecimento formal – ligado à escola e à transmissão doméstica de conhecimento) e simbólico (específico de cada campo, é determinado pelo que o *habitus* daquele espaço indica como algo a ser valorizado e que atribui poder e reconhecimento legítimo a quem o tenha. Por exemplo, no campo esportivo tem-se como capital simbólico o mérito esportivo de um atleta).

Nessa estrutura, os indivíduos agrupam-se em classes ou grupos sociais. Cada uma dessas estruturas tem seu *habitus* próprio, que justifica as ações e norteia as práticas dos agentes na busca por aquisição de capital (Bourdieu, 1996).

A teoria dos campos, de Bourdieu, serve como arcabouço científico para intervenções ligadas às relações entre sujeitos que disputam o poder e o acesso a bens de disputa em determinados setores da sociedade. Organiza as análises a respeito de suas ações, posicionamentos e inter-relações, e se configura como uma ferramenta metodológica que auxilia em processos de apropriação de conhecimento relacionado a certos objetos, como o esporte.

Os estudos das ciências humanas referentes ao esporte demonstram ser pertinentes na medida em que a relação entre indivíduos, o fenômeno esportivo espetacular e a busca por capital econômico se fazem presentes nas relações sociais. Por isso, cabe a esses estudos analisar as forças econômicas, políticas e simbólicas e os interesses legitimados pelos indivíduos que mantêm o esporte no plano do senso comum (Pimenta, 2007). Além disso, podem ser um referencial de apoio para políticas públicas, de saúde e educacionais, de expansão da prática esportiva e de melhoria da vida das pessoas que se envolvem com esse fenômeno.

Em toda sua obra, e ao estudar o esporte, Bourdieu valoriza muito a perspectiva histórica na construção de objetos de pesquisa social, visto que estes permitem entender, de diferentes ângulos, os problemas colocados sobre os espaços sociais, suas origens e distribuições (Souza e Marchi Jr., 2010).

Sendo o esporte um fenômeno heterogêneo, pautado em diversas formas de manifestação na sociedade contemporânea (Marques, 2007), tem-se a necessidade de compreendê-lo e estudá-lo não como algo estanque e uniforme, mas, sim, em todas as suas vertentes e formas de transmissão de valores morais.

Assim, tem-se que as formas de manifestação do esporte, nos dias de hoje, podem assumir sentidos ligados às necessidades, perspectivas, objetivos, limites e possibilidades dos sujeitos que com ele se relacionam, e uma dessas manifestações é o esporte paralímpico, um braço do esporte adaptado para pessoas com deficiência.

Filosoficamente, essa forma de manifestação do esporte baseia-se nas ideias do paralimpismo, que, por sua vez, herda alguns princípios do olimpismo. Segundo Howe (2008b, p. 33):

> Olimpismo é uma filosofia de vida, que exalta e combina em um todo balanceado de qualidades do corpo, alma e mente, misturando esporte com cultura e educação, o olimpismo busca a criação de um modo de vida baseado no esforço, valores educacionais de bons exemplos e respeito a princípios éticos fundamentais.
>
> O objetivo do Olimpismo é colocar o esporte a serviço do desenvolvimento harmonioso do Homem, com vistas à promoção de uma sociedade pacífica preocupada com a preservação da dignidade humana.

E o paralimpismo

> é uma filosofia de vida que envolve a mente, corpo e espírito. Por combinar esporte com educação, acaba por nortear um modo de vida de pessoas com deficiência baseado no esforço, bons exemplos e respeito à ética.

> Os ideais do paralimpismo compreendem a promoção e desenvolvimento tanto do "esporte para todos", quanto do "esporte de elite". Apesar de cada um deles apresentar diferenças filosóficas, de finalidades e objetivos fundamentais, eles se complementam e agregam educação, experiência, valores, tradições e fair play, rumo à realização individual, social, cultural e econômica. (Howe, 2008b, p. 35)

A área de pesquisa ligada ao esporte para pessoas com deficiência tem um histórico relacionado às perspectivas de reabilitação e treinamento físico. O estudo sociológico voltado ao esporte para pessoas com deficiência teve início na década de 1980, tendo como foco as diferenças provocadas por essa situação, que interferem na relação entre sujeito e sociedade. Por sua vez, essa interação se dá em duas mãos: uma em que o mundo não deficiente rotula e define limites e significados do que é ser pessoa com deficiência; outra, na qual os indivíduos com deficiência se expressam como autônomos responsáveis por seus atos, escritores de suas histórias e que acabam por delimitar seu próprio sentido de deficiência (Williams, 1994).

Nesse processo, destaca-se, em 1993, a criação da Comissão de Pesquisa em Ciências do Esporte, do Comitê Paralímpico Internacional (IPC na sigla em inglês), e a recente criação, em 2010, da Comissão de Pesquisa do Comitê Paralímpico Brasileiro (CPB), vinculado à Academia Paralímpica Brasileira (APB).

O conhecimento em Ciências do Esporte e sua aplicação no treinamento em cada modalidade é uma relação que tem aumentado a cada dia, como a Associação Britânica de Corrida em Cadeira de Rodas, que oferece, deste 1994, lastro científico para a preparação de seus atletas (Goosey-Tolfrey, 2010). A missão desses órgãos de incentivo e direcionamento à pesquisa é colaborar cientificamente com atletas, técnicos, administradores esportivos, médicos do esporte e pesquisadores em relação a temas de acesso, desenvolvimento, evolução, disseminação, aplicação e continuação da participação no esporte tanto de alto rendimento como de lazer, assim como na aposentadoria de atletas (Doll-Tepper, 1996).

Embora exista todo esse universo favorável à pesquisa, a sociologia do esporte tem dado, nos últimos anos, grande atenção às ações e às formas de oportunidade, integração e justiça no esporte a mulheres, minorias étnicas e raciais, mas mínima atenção às pessoas com deficiência (Nixon, 2007). Por isso, justifica-se a inserção de trabalhos nesse campo, visando à melhor compreensão da dinâmica social do esporte para essas pessoas, melhorando-o e desenvolvendo-o de forma a torná-lo mais positivo para os anseios da sociedade contemporânea.

O esporte para pessoas com deficiência, ou esporte adaptado (embora este termo possa abranger mais do que apenas pessoas com deficiência, será usado neste trabalho como referência ligada a esse grupo social em específico), promove diferentes formas de interação e transformação entre pessoas que com ele se envolvem, intervindo na vida dessas pessoas. O estudo sobre as formas de socialização presentes nesse ambiente se coloca como meio de melhor prepará-lo para que seja adequado aos anseios das pessoas com deficiência que desejam praticar esporte.

É importante destacar que este trabalho trata do esporte paralímpico como uma das possibilidades de esporte adaptado ligado ao alto rendimento e suas características e transformações na sociedade contemporânea. Visto que, além das vinte modalidades dos Jogos Paralímpicos de Verão e cinco de inverno, há outras também disputadas em forma de alto rendimento, mas que não fazem parte do programa paralímpico.

Como caracterização deste objeto pode-se destacar que assim como os Jogos Olímpicos se apoiam, originalmente, em valores de paz entre os povos, amizade entre as nações, jogo limpo, oportunidades iguais e busca pela excelência, isso tudo, somado à perspectiva de igualdade e de integração, constitui a base da filosofia e dos ideais paralímpicos. Porém, tais aspectos têm sido difíceis de apurar nos últimos anos, diante do crescimento do profissionalismo (Schantz e Gilbert, 2001).

O objetivo geral deste trabalho, parte de uma tese de doutorado defendida na Faculdade de Educação Física da Universidade Estadual de Campinas, Brasil, foi investigar e delimitar, com base em pesquisa sociológica embasada na obra de Pierre Bourdieu, o esporte paralímpico brasileiro contemporâneo e as formas atuais de relação social e posicionamento entre agentes no subcampo do esporte adaptado no país. Os objetivos específicos apontaram para a análise, com base em dados provenientes da literatura e de discursos de agentes atuantes no Comitê Paralímpico Brasileiro, três esferas presentes neste espaço que exercem influência sobre as formas de relação entre os sujeitos desse subcampo:

- os modos e os processos de capacitação, recrutamento e atuação de classificadores paralímpicos, responsáveis pela alocação dos atletas em classes de disputa;

Introdução: A sociologia do esporte e o movimento Paralímpico

- a ocorrência do profissionalismo de atletas, técnicos, dirigentes e demais agentes desse espaço, além de formas e sistemas de distribuição de recompensas financeiras;
- a presença e formas de atuação de pessoas com deficiência na gerência e administração de entidades organizativas do esporte paralímpico brasileiro (federações, associações e comitês, entre outros).

Com base nesse processo, objetivou-se apontar um perfil técnico-administrativo atual do esporte paralímpico brasileiro e fazer reflexões que possam contribuir para sua melhoria e desenvolvimento, buscando a excelência esportiva e social em seu campo.

Este trabalho possibilita uma abordagem diferenciada e com base científica de análise da conformação do espaço de disputas, ações e administração do esporte paralímpico brasileiro.

Os benefícios oriundos das conclusões desta pesquisa justificam-se na apresentação de características técnico-administrativas ainda não documentadas e atuais dessa forma de esporte, além da exploração de formas de relação de poder presentes neste. Além disso, cria a oportunidade de reflexão sobre as maneiras de interação e gerência do objeto, propondo direções que contribuam para o desenvolvimento, crescimento e alcance de suas práticas tanto em níveis ligados à quantidade de praticantes quanto à qualidade e condições de ação esportiva.

O Brasil é considerado, atualmente, uma nação com bom desenvolvimento em relação ao esporte paralímpico. Isso se sustenta nos resultados alcançados em âmbito internacional (por exemplo, o 7º lugar no quadro geral de medalhas nos Jogos Paralímpicos de Verão de 2012, em Londres, Inglaterra), na alta qualidade de pesquisas científicas ligadas à área do esporte adaptado e no investimento na preparação de atletas. Porém, alguns fatores colocam-se como de grande relevância e importância no desenvolvimento do esporte paralímpico. Pode-se destacar a profissionalização de atletas, os processos de classificação de competidores em classes de disputa e a presença de gerentes técnico-administrativos com deficiência em entidades organizativas, o que, segundo Wheeler et al. (1999), já era, há mais de uma década, reivindicado por alguns ex-atletas e, segundo eles, pode significar avanços no atendimento, na comunicação, na aproximação política, na facilitação da atuação desses sujeitos esportistas, além de ser uma forma de inclusão social dessas pessoas.

As hipóteses de apoio deste trabalho foram:

- a possibilidade de existência de movimentos e atuações que se baseiam na disputa por capital econômico e simbólico, ligados aos processos de profissionalização de atletas, preparação, padronização e coordenação da atuação de classificadores e abertura de espaços de atuação administrativa a pessoas com deficiência, na gerência dessa prática esportiva;
- a possibilidade de transformação histórica sofrida pelo esporte paralímpico, saindo de sua gênese ligada à reabilitação e reinserção social de pessoas com lesão medular, para a profissionalização e espetacularização contemporâneas.

Por isso, tem-se como objetivo apontar o perfil técnico--administrativo atual do esporte paralímpico brasileiro e apresentar reflexões que possam auxiliar na busca pela excelência esportiva e social nesse campo de atuação social.

O recorte metodológico desse processo foi feito de modo a contemplar as necessidades do objetivo proposto, baseando-se na delimitação do campo e do objeto exposto. A investigação presente neste estudo exigiu uma metodologia que permitisse extrair informações de um contexto particular, possibilitando o entendimento dessas informações de forma contextualizada. A abordagem qualitativa de pesquisa é apontada na literatura atual (Thomas e Nelson, 2002) como um método que busca compreender o significado de experiências em um ambiente específico para os seus interlocutores de maneira que os componentes se relacionam para formar o todo.

Esse tipo de pesquisa, além de permitir desvelar processos sociais ainda pouco conhecidos referentes a grupos particulares, propicia a elaboração de novas abordagens, revisão e criação de novos conceitos e categorias durante a investigação. Caracteriza-se pelo empirismo e pela sistematização progressiva de conhecimento, até a compreensão da lógica interna do grupo ou do processo em estudo (Minayo, 2006).

Este trabalho se enquadra nessa abordagem de pesquisa conforme se propõe a desvendar e a compreender um contexto particular. Configura-se, assim, um procedimento de caráter exploratório-descritivo que busca absorver as informações provindas dos discursos e documentos, discutindo e analisando seus conteúdos evidentes e latentes.

A pesquisa de caráter exploratório-descritivo caracteriza--se pela busca de um novo conhecimento a respeito de um tema ainda pouco explorado no meio acadêmico, com base na descrição da realidade estudada (Araújo, 1998b). Ou seja, justifica-se neste trabalho como uma forma de aproximação da sociologia do esporte ao movimento paralímpico brasileiro, como forma de apropriação desse objeto pelas ciências humanas.

A pesquisa exploratório-descritiva é a associação de processos exploratórios e descritivos em que, segundo Triviños (1995), os primeiros derivam do fato de o tema em questão ser ainda pouco estudado nos meios acadêmicos. E os segundos, porque toda pesquisa qualitativa é, por princípio, descritiva.

Para desenvolver uma abordagem sobre um campo específico, Pierre Bourdieu sugere alguns passos metodológicos. Um primeiro seria analisar a posição que o referido campo ocupa em seu espaço social. Em seguida, é necessário traçar um mapa da estrutura objetiva das relações ocupadas pelos agentes ou instituições que competem de forma legítima pela autoridade específica no campo. Por fim, devem ser analisados os *habitus* dos agentes (Souza e Marchi Jr., 2010).

Nesse sentido, a análise do referencial teórico e a construção da estrutura histórica e administrativa do esporte paralímpico internacional e brasileiro dão conta dos dois primeiros passos indicados pelo autor. Quanto à análise específica dos agentes, além de dados secundários obtidos em material bibliográfico, obteve-se coleta de informações em campo, por meio de entrevistas com dirigentes do movimento paralímpico brasileiro, que apontaram características

Introdução: A sociologia do esporte e o movimento Paralímpico

das três esferas de análise propostas e ajudaram a configurar sociologicamente o subcampo do esporte paralímpico nacional.

Houve um cuidado específico na seleção, no recrutamento, no direcionamento e na elaboração dos roteiros de entrevista, de forma que os instrumentos de pesquisa fossem coerentes com as esferas analisadas e aplicados aos sujeitos que atuam em cada uma delas.

Isso se justifica pelo fato de os sujeitos abordados serem especialistas em setores específicos do Comitê Paralímpico Brasileiro (CPB), ligados, cada um, a uma esfera de análise nesta pesquisa.

Para a seleção da amostra da pesquisa foram seguidos alguns critérios, visto que uma amostra qualitativa ideal é a que reflete a totalidade das múltiplas dimensões do objeto de estudo (Minayo, 2006).

Lefèvre e Lefèvre (2005) apontam que é importante, em uma pesquisa qualitativa, que o pesquisador escolha os sujeitos entrevistados de acordo com critérios e necessidades do trabalho exploratório. É preciso considerar, nesse tipo de pesquisa, a posição social, o histórico, a formação e o acesso à informação relevante ao estudo. Logo, foram escolhidos quatro dirigentes do Comitê Paralímpico Brasileiro como sujeitos da investigação de campo. Os critérios para a escolha deram-se com base na proximidade de cada um deles com os temas propostos, na posição de administração, gerência e liderança frente ao movimento paralímpico brasileiro, e pelo acesso privilegiado a informações relevantes ao trabalho que tais posições lhes permitem.

Os quatro indivíduos voluntários recrutados exercem funções específicas no CPB, cada um deles ligado a uma das esferas descritas nos objetivos específicos deste trabalho, e não apresentaram qualquer empecilho cognitivo ou de saúde que os impedisse de participar da pesquisa. Logo, foram tidos como critérios para aceitação dos sujeitos seu vínculo funcional e prático atual com uma ou algumas das esferas analisadas, sua condição cognitiva e de saúde para responder às perguntas e sua disponibilidade.

A busca por essas pessoas, envolvidas com a administração e a coordenação do esporte paralímpico, embasa-se pela posição de poder assumida por elas e posse de capitais que lhes conferem a autoridade legítima sobre as formas de distribuição dos bens em disputa nesse subcampo. Além disso, eles têm posições que lhes permitem fácil acesso a informações próprias da conformação específica do espaço social em questão. É importante apontar que 50% do grupo entrevistado foi composto por pessoas com deficiência e 50% por não deficientes.

Para compreender a essência do *habitus* de um agente é preciso, em uma lógica própria da teoria de Pierre Bourdieu, considerar o espaço social e a posição ocupada pelo sujeito. Além disso, características histórico-culturais dos indivíduos também devem ser levadas em consideração para a compreensão de seu discurso. Quanto a tais importantes características dos indivíduos entrevistados destacam-se:

- *Sujeito 1* (S1): professor universitário. Experiência como classificador e técnico esportivo. Tem vínculo com o CPB, ligado a processos de classificação de atletas. Não deficiente.
- *Sujeito 2* (S2): professor de Educação Física. Atua em função administrativa no CPB. Não deficiente.
- *Sujeito 3* (S3): ex-atleta. Campeão paralímpico. Atua em função administrativa no CPB.

- *Sujeito 4* (S4): ex-atleta. Campeão paralímpico. Atua em função administrativa no CPB.

Quanto ao número de entrevistas, Minayo (2006) indica que deve seguir o critério de saturação, ou seja, o conhecimento formado pelo pesquisador de que conseguiu compreender a lógica interna do grupo ou da coletividade em estudo. Como esta pesquisa teve caráter exploratório, de aproximação de um referencial metodológico ligado à sociologia do esporte ao movimento paralímpico brasileiro, o contato com os gerentes oficiais das áreas de estudo em questão configura-se como uma apresentação desse subcampo e oferecimento de dados suficientes para uma reflexão sobre o tema neste momento de início de produção científica neste sentido no país.

Quanto à análise dos dados, os critérios adotados foram baseados nas informações obtidas, via referencial teórico e entrevistas, que apontaram características das três esferas de análise propostas e ajudaram a pontuar o subcampo do esporte paralímpico brasileiro.

Para tal, pela análise das respostas provenientes de entrevistas semiestruturadas, aplicadas pessoalmente pelo pesquisador aos sujeitos, de forma oral, com uso de aparelho gravador e posterior transcrição das respostas, os dados foram classificados e analisados por meio de procedimentos de organização de dados específicos.

Na entrevista semiestruturada tem-se o procedimento que obedece a um roteiro estabelecido pelo pesquisador. Por ter um apoio na sequência de questões, facilita a abordagem e assegura que as hipóteses e os pressupostos desejados sejam tratados na conversa (Minayo, 2006).

Quanto aos procedimentos de organização de dados, foram adotadas algumas figuras metodológicas que, encadeadas e relacionadas, distribuem e ordenam as informações. Tais ferramentas são as expressões-chave (ECH), as ideias centrais (IC) e as ancoragens (AC). As ECH são trechos/partes literais do discurso que revelam a essência do depoimento. Trata-se do conteúdo discursivo que corresponde à questão da pesquisa. Ela tem a utilidade de apontar qual esfera de análise está sendo abordada pelo sujeito, facilitando uma primeira classificação das respostas. As IC representam o tema do depoimento, os conteúdos a serem destacados e apontados como relevantes para a discussão do tema, pois direcionam para a ocorrência e a forma dos eventos analisados. As AC compõem o posicionamento social e político que o sujeito não descreve objetivamente, mas que está implícito como conteúdo carregado em sua fala. Aponta informações importantes sobre a ideia do entrevistado diante do tema (Lefèvre e Lefèvre, 2005).

Desse modo, depois da transcrição das entrevistas, as ECH foram destacadas, facilitando a identificação dos dados. Em um segundo momento, essas ECH foram transportadas para Instrumentos de Análise do Discurso (IAD), na qual foram apontadas as IC e as AC referentes às respostas dos sujeitos. Em um terceiro e último momento, com base em análise das IC e das AC, as respostas foram agrupadas de modo a terem sentidos homogêneos, para que fossem construídos três discursos do sujeitos coletivo (DSC), ligados, cada um, a uma esfera de abordagem tratada, levando em consideração as respostas de todos os sujeitos (Lefèvre e Lefèvre, 2005).

Este método de seleção e análise dos dados é baseado na proposta metodológica intitulada "Discurso do Sujeito Coletivo", de Lefèvre e Lefèvre (2005), que procura aspectos homogêneos de dados dentro de grupos de sujeitos e desenvolve um discurso único para cada um desses agrupamentos.

Embora alguns temas tenham sido transversais a todos os sujeitos, algumas entrevistas apresentaram certos direcionamentos específicos da área de atuação de tais sujeitos no movimento paralímpico brasileiro. Desse modo, o desenrolar das entrevistas semiestruturadas foi específico para cada sujeito, ou seja, as entrevistas foram direcionadas de acordo com o conteúdo de suas inserções e discursos, segundo permite esta metodologia.

As entrevistas foram feitas em locais previamente combinados com os sujeitos. Como os indivíduos são membros do CPB, a pesquisa foi submetida e aprovada pela Comissão Científica da Academia Paralímpica Brasileira, que auxiliou na viabilização de contato, coleta de dados e acesso aos locais de execução, e pelo Comitê de Ética em Pesquisa da Faculdade de Ciências Médicas da Universidade Estadual de Campinas, sob parecer nº 356/2010.

Com o material coletado, mais as informações relativas à pesquisa bibliográfica, a última etapa, de discussão dos dados, deu-se em um diálogo entre aspectos ligados ao objeto de pesquisa, provenientes deste estudo de campo e de referencial teórico, baseado em categorias próprias da obra de Pierre Bourdieu. Estas categorias, por sua vez, dizem respeito à conformação de campos, capitais em disputa em determinado espaço social, necessidades do espaço em análises relativas ao campo maior do esporte (que o sustenta socialmente), diferentes grupos de agentes, suas posturas, posições e ações relativas ao alcance ou à manutenção do poder no esporte paralímpico brasileiro, além das possibilidades de portas de entrada de novos sujeitos nesse subcampo.

As conclusões acerca dos resultados da pesquisa foram pautadas, portanto, na realidade descrita pelos sujeitos (que oferece vantagens ligadas à vivência e à proximidade dos sujeitos aos dados e fatos ocorridos e identificados) e nos dados coletados por meio de consulta a referencial teórico (que apontam caráter mais abrangente de compreensão do subcampo do esporte paralímpico e permitem uma problematização deste).

Os resultados dizem respeito ao contato de informações coletadas em referencial teórico com dados ainda não publicados acerca da situação social, econômica e política das três esferas de análise do esporte paralímpico brasileiro. A descrição do perfil desse objeto mostra as relações sociais próprias de seu espaço social, incluindo: formação, recrutamento e coordenação da atuação de classificadores; profissionalismo de atletas, técnicos e dirigentes; e presença e formas de atuação de pessoas com deficiência em cargos de gerência de entidades de organização esportiva paralímpica.

Nesse sentido, os resultados se fazem válidos ao expor dados não publicados e restritos, até o momento, apenas à esfera prática e administrativa de ação do esporte paralímpico brasileiro, sendo esta pesquisa uma primeira sistematização dessas informações, visando a construir um conhecimento específico da sociologia do esporte ligado a essa forma de manifestação esportiva no Brasil. Este

Introdução: A sociologia do esporte e o movimento Paralímpico

método também se justifica dada a escassez de informações ligadas à administração e às relações sociais pertinentes a esse campo.

Este trabalho se estrutura em cinco etapas. O primeiro capítulo apresenta conteúdos sócio-históricos sobre a transformação do esporte moderno em um novo fenômeno contemporâneo, depois do período da Guerra Fria, sintetizando e delimitando o campo esportivo atual e o subcampo do esporte adaptado.

O segundo capítulo apresenta uma análise sociológica dos conceitos relacionados ao ambiente do esporte adaptado. Temas como deficiência, inclusão social e a história dessa forma de manifestação do esporte se fazem presentes e necessários para a compreensão de conteúdos sociais ligados especificamente ao esporte paralímpico.

No terceiro capítulo, há uma apresentação da história e dos parâmetros sociais relativos às formas contemporâneas de manifestação do esporte adaptado. São tratados temas como história do esporte paralímpico e exposição de algumas de suas vertentes sociais, entidades organizadoras do esporte adaptado e perfil do esporte paralímpico no Brasil.

No quarto capítulo, tem-se a problematização do trabalho, com referencial teórico relativo às esferas de análise desta pesquisa – classificação de atletas, profissionalismo e administração paralímpica.

E no quinto capítulo tem-se a apresentação e a discussão dos dados de campo mediante elaboração de discursos que expõem as opiniões, as perspectivas e as percepções dos sujeitos entrevistados e de reflexão sobre essas informações com base em referencial teórico, além da elaboração de conclusões e considerações finais.

1

A conformação do campo do esporte contemporâneo

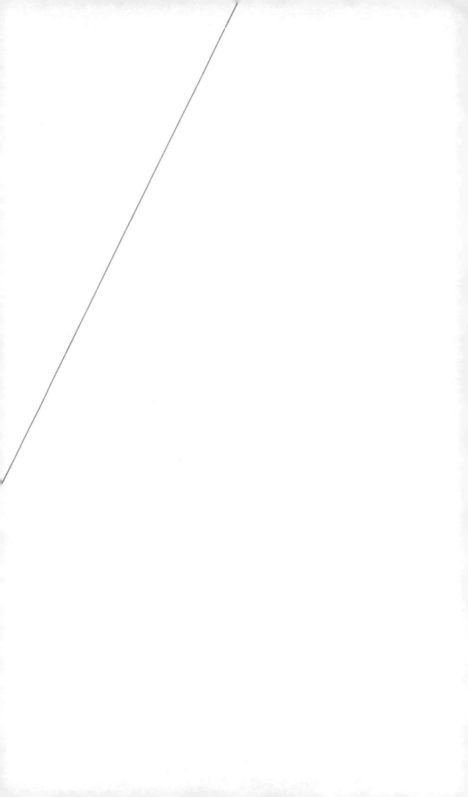

Como ferramenta metodológica deste trabalho, antes da caracterização do subcampo social específico do esporte paralímpico brasileiro, torna-se necessário construir histórica e socialmente o campo do esporte contemporâneo. Sendo este o herdeiro de um fenômeno anterior (esporte moderno), cabe caracterizá-lo como forma de subsídio para discussões e análises sobre o objeto atual proposto.

O esporte moderno é fruto de uma decorrente racionalização de jogos populares, no século XIX, nas escolas reservadas à elite da sociedade burguesa da Inglaterra nas quais os filhos da aristocracia e da grande burguesia retomaram tais práticas, consideradas vulgares, impondo-lhes uma mudança de significados e de função, atribuindo-lhes formas eruditas (Bourdieu, 1983).

Nesse mesmo processo, exercícios corporais característicos de épocas e ocasiões especiais como festivais, desprovidos de funções sociais, ganham outro sentido, convertidos em atividades que constituem um fim em si mesmas. Forma-se uma espécie de arte corporal submetida a regras específicas cada vez mais irredutíveis a qualquer necessidade funcional e inseridas em um calendário específico (Bourdieu, 1983).

Ao transformar os jogos populares, as elites inglesas criam (literalmente, por meio da sistematização de regras escritas) uma prática que busca transmitir certos valores morais aos jovens, e que passa a ser apreciada e praticada por indivíduos pertencentes a um grupo que tem tempo livre para tal, além de condições de acesso a locais e materiais de prática cada vez mais específicos. O esporte passa a ser uma forma de diferenciação social.

As elites burguesas se vangloriavam do desinteresse das práticas e se definem pela distância eletiva em relação aos interesses materiais (Bourdieu, 1983). O esporte, para esse grupo, simbolizava a prática por si só, própria para quem tivesse tempo livre, desconectada de qualquer busca por recompensas.

Com o sucesso das práticas esportivas entre os jovens de tal grupo social, o número de adeptos aumenta e, ao terminarem o ciclo escolar, surge um grupo praticante que não tem mais vínculo com o ensino formal. Esse processo fez que fossem criadas ligas e associações, objetivando facilitar e intermediar a prática do esporte.

Porém, as práticas esportivas, por serem fruto de adaptações de jogos populares, foram criadas e transformadas de maneiras diferentes em diversas regiões da Inglaterra. Desse modo, não havia uma uniformidade entre regras e processos de disputa (Dunning e Curry, 2006).

Traçado esse panorama, o esporte, com a criação das ligas, a facilitação de transportes e o crescimento do interesse por suas atividades, sofre um processo de universalização, dada a dificuldade de encontros esportivos entre as diferentes escolas que tinham suas práticas elaboradas com regras diversas entre si.

Começa, então, um processo de lapidação das regras e dos processos esportivos, no sentido de uma universalização das práticas, como a fundação da Football Association, em 1863, e da Rugby Football Union, em 1871, ambas na Inglaterra (Dunning e Curry, 2006).

A conformação do campo do esporte contemporâneo **39**

Tais órgãos acabam por incorporar também a função de reguladores, ou seja, agrupamentos esportivos, públicos ou privados, com a função de assegurar a representação e a defesa dos interesses dos praticantes de um esporte determinado e, ao mesmo tempo, elaborar e aplicar as normas que regem tais práticas (Bourdieu, 1983).

Claro que a história do esporte contemporâneo não se resume a isso. A obra de Bourdieu, historicamente, apresenta apenas a gênese do esporte moderno que, segundo Marques (2007), é um fenômeno antecessor do esporte dos dias atuais, visto que o fenômeno mais recente é pautado em diversas formas de manifestação e na busca do lucro e comercialização depois do período da Guerra Fria.

Por isso, para tratar das intervenções do autor francês sobre a conformação desse fenômeno, esta apresentação já se faz suficiente, visto que a compreensão contemporânea do esporte se coloca como um avanço sobre a análise feita por Bourdieu no século XX, já que o autor não chegou a analisar o fenômeno esportivo do século XXI. Porém, a influência da obra desse autor sobre o esporte ainda é importante, principalmente em relação a procedimentos metodológicos de compreensão dos objetos das relações sociais.

Depois da aproximação histórica, Bourdieu (1983) propõe a ocorrência da formação de um campo esportivo e cita que para a conformação desse espaço foi e é (pois esse campo se transforma) preciso estabelecer certas condições sociais como espaço de jogo e sua lógica própria. Como primeiro passo para isso, o autor afirma que o campo esportivo tem uma história relativamente autônoma que, mesmo estando articulada a grandes acontecimentos da história econômica e política, tem seu próprio tempo, suas próprias leis de transformação, suas próprias regras e cronologia.

É importante considerar o campo esportivo parte de um sistema social mais amplo, pois ele não é fechado em si mesmo, mas inserido em um sistema de práticas e consumos constituídos por eles próprios (Marchi Jr., 2002).

Dessa forma, tem-se o esporte como um fenômeno que retrata um produto e um reflexo da sociedade. É um microcosmo da sociedade como um todo. Pode ser definido e descrito com marcas socioculturais e sócio-históricas de valores, moral, normas e padrões de uma sociedade ou cultura específicas (De Pauw e Gavron, 1995).

Tem-se, como exemplo, a similaridade entre o esporte e o campo da ciência, no qual um dos problemas a resolver, para passar da invenção à inovação de conhecimento e práticas, é o da comunicação entre o campo científico e o econômico (Bourdieu, 2004). No esporte isso também acontece. Talvez não ligado à invenção, mas às ações de construção e preparação para a inovação, a divulgação e o sucesso.

A autonomia relativa do campo esportivo se afirma mais claramente quando os grupos são dotados de autoadministração (órgãos reguladores) e regulamentação, fundadas em uma tradição histórica ou garantidas pelo Estado. Tais organismos podem fixar normas de participação nas atividades por eles organizadas, exercer poder disciplinar, editar e garantir o cumprimento de regras, funções e recompensas dentro do campo (Bourdieu, 1983). Formam-se aí as estruturas burocráticas, racionais e organizacionais do esporte.

Tal sistema burocrático apresenta uma série de camadas: infraestrutura organizacional (federações, confederações etc.), técnica (responsável pelo desempenho esportivo) e jurídica (regras, regulamentos e desenvolvimento legal da instituição esportiva) (Pimenta, 2007).

Algumas das regras específicas do campo esportivo se apresentam com base nas especificações de órgãos reguladores, ou seja, dirigentes especializados que acabam por ditar alguns caminhos de entrada e permanência de agentes nesse espaço. Esse já se mostra um processo de autonomização. Além desse grupo que regula a prática, há, ainda, os processos de atribuição do poder de violência simbólica do campo aos agentes ou às instituições que têm capital para isso.

O esporte assume, nessa perspectiva, uma competência específica própria que o torna autêntico e autônomo. Isso nega a existência de atividades pré-esportivas em sociedades pré-capitalistas, visto que o fenômeno esportivo, propriamente dito, tem aparição simultânea à constituição de um campo de produção de produtos e práticas esportivas em um determinado período (Bourdieu, 1983).

Há, nessa ideia, a afirmação de Bourdieu de que o esporte é fruto da sociedade capitalista. Isso não implica que o esporte exista única e exclusivamente em razão do capitalismo, mas, sim, que é contemporâneo e compatível com os valores dessa sociedade.

Com base nas análises de Bourdieu, outros autores atestam a existência desse campo, como Pilatti (2006), que afirma que efetivamente existe um campo esportivo, ou seja, um sistema de instituições e agentes vinculados ao esporte que funciona como um espaço de disputas.

A constituição de um campo de práticas esportivas é acompanhada de uma filosofia política do esporte, na sua gênese aristocrática, que se apoia no amadorismo e faz do esporte uma prática desinteressada e conveniente para a afirmação das virtudes e de líderes. Isso vem fortalecer a ideia de um campo social, visto que surge uma tentativa de diferenciação e luta de grupos e acessos à prática e aos bens em disputa no espaço (Bourdieu, 1983).

Esse campo se faz como um espaço de lutas entre seus próprios agentes, pelo monopólio de imposição de definição de práticas e formas legítimas de atividade esportiva, além do confronto entre valores e práticas amadoras e profissionais, esporte-prática e esporte-espetáculo, esporte de elite e esporte popular, uso do corpo legítimo e uso legítimo do corpo (Bourdieu, 1983).

Assim como em outros campos, e a teoria geral dos campos, o que determina a entrada de um sujeito no espaço do esporte é seu *habitus*, que está na origem dos estilos de vida. Da mesma forma que em outros campos, o esportivo exige, em situações e épocas diferentes, *habitus* apropriados à sua realidade.

Por exemplo, no caso do surgimento do voleibol, um conjunto de disposições era exigido pela estrutura que se formava para a modalidade, ou seja, para estar inserido nesse espaço eram cobradas determinadas representações sociais dos candidatos. Para participar das atividades do voleibol o agente tinha de apresentar um capital social e cultural específico, pois, de outro modo, poderia ser considerado desnecessário e prejudicial ao andamento da modalidade. No caso da Associação Cristã de Moços (ACM), eram privilegiados os profissionais liberais. Isso acaba por determinar o *habitus* exigido para fazer parte de determinado grupo esportivo, o que reforça que o surgimento dessa noção demanda uma diferenciação de grupos (Marchi Jr., 2002).

Já o *habitus* atual do voleibol, por exemplo, foi criado principalmente depois da década de 1980, por interdependência constituída por dirigentes, técnicos, atletas, agentes de *marketing*, mídia, clubes e empresários (Marchi Jr., 2006). Assim como é apontado por Bourdieu, os critérios para a valorização de atos simbólicos, assim como para a acumulação do poder simbólico, não são estáticos no tempo e no grupo social. Por isso, é sempre importante apontar quais são a época e os agentes envolvidos na determinação de tais orientações.

Nesse sentido, Marchi Jr. (2006) aponta que o espaço do voleibol teve, no decorrer de sua história, novas formas de representações delineadas. Ou seja, mudou-se o capital simbólico e, em consequência, as ações dos agentes.

Tem-se então, como definições de esporte para este trabalho, uma primeira, baseada na construção histórica dele:

> Um fenômeno sociocultural que engloba diversas práticas humanas, norteadas por regras de ação próprias e institucionalizadas, direcionadas para um aspecto competitivo, seja ele caracterizado pela oposição entre sujeitos ou pela comparação entre realizações do próprio indivíduo, que se manifestam através da atividade corporal. Essas práticas podem ou não se expressar através de confrontos diretos entre sujeitos, mas sempre expressam o desejo de realização do ser humano que encarna a necessidade, entre outras, de emocionar-se, superar-se, jogar, brincar e comunicar-se. (Marques, 2007, p. 55)

É necessária uma complementação a essa definição, fruto de atualizações de conceitos e saberes, consequência de estudos e da produção de conhecimento proporcionada pela ciência (afinal, a prática científica não apenas comprova, mas também cria e transforma o conhecimento, sendo necessário, em alguns momentos, rever certas convicções), no que tange à necessidade de uso de práticas corporais para a caracterização do esporte. Em um primeiro momento, concordando com Norbert Elias e Eric Dunning (1992), é possível afirmar que o esporte é, essencialmente, fruto de atividade física. Porém, nota-se, na sociedade contemporânea, processos de esportivização de modalidades em que o uso da ação motora não é empregado como forma de alcance de determinado desempenho, mas, sim, como ferramenta para a busca de determinado desempenho esportivo em práticas ligadas ao intelecto. Tem-se como exemplo o xadrez, jogo de prevalência intelectual, reconhecido pelo Comitê Olímpico Internacional (IOC na sigla em inglês) como uma modalidade esportiva, regulada pela Federação Internacional de Xadrez filiada ao IOC. Dessa forma, este trabalho assume a definição de esporte citada anteriormente, porém acresce a participação de modalidades ligadas ao intelecto nesse campo.

E uma segunda definição é possível, com base nas características de campo esportivo:

A conformação do campo do esporte contemporâneo

> espaço de disputas repleto de agentes especializados em seus campos e subcampos específicos, em constante movimento que impõe regras e padrões de comportamento para seu consumo, dada sua força objetiva e subjetiva, direta e simbólica, através de seus mecanismos e estratégias de persuasão, encarnados nas suas formas primeiras: o movimento para a competição, para o propedêutico e educacional. (Pimenta, 2007, p. 95)

Ambas as definições procuram retratar aspectos do campo esportivo e definem as margens e as divisas metodológicas e semânticas do objeto desse campo, o esporte, e servem de limites para intervenções e compreensões acerca dos estudos em sociologia do esporte.

Uma das lutas apontadas por Bourdieu, em sua análise sobre gênese e conformação do campo esportivo, configura-se pela distinção social movida pelo antagonismo entre práticas esportivas amadoras e profissionais.

A institucionalização do esporte acompanhou uma filosofia política deste, arquitetada pela autocracia, que tinha como base o amadorismo. Dessa forma, o esporte amador tornou-se vital para as elites, em virtude da transmissão de certos valores morais e de diferenciação social (Pilatti, 2006).

Por derivar das escolas públicas, frequentadas por estudantes de grupos aristocráticos da população, o esporte teve sua gênese ligada ao prazer da prática e à transmissão de valores morais tidos como positivos por esse grupo. Tais significados traduziam conceitos e sentidos importantes desse grupo, que o usavam para se diferenciar socialmente como um grupo que tinha tempo livre para atividades desse tipo e primava por hábitos ligados ao prazer. Com o surgimento do profissionalismo, indivíduos das classes mais pobres tiveram acesso às práticas esportivas, por essa ser uma oportunidade de ganho de capital e de ascensão social. Além disso, a classe burguesa se apoderou desse ambiente, financiando as atividades profissionais. Com a entrada das classes menos favorecidas no universo do esporte, além do envolvimento de capital, o sentido deste passou a ser mais vinculado à seriedade[1] e à busca por melhora de desempenho, redirecionando a prática (Marques, 2007).

Enquanto o amadorismo no esporte está relacionado ao direcionamento das regras para maior prazer dos jogadores do que dos espectadores, no profissionalismo nota-se que o prazer do jogador vinha em segundo plano, sendo submisso ao público e à necessidade de bom desempenho atlético. Por isso, a luta entre o amadorismo e o profissionalismo é uma das chaves para a compreensão do processo de democratização do esporte, visto que o primeiro, vinculado às ligas e às escolas, era uma forma de manutenção do *status* social (Stigger, 2005). Praticar o esporte de forma amadora significava supremacia social aristocrática, sendo feita em ambientes restritos aos membros desses grupos. Com a profissionalização, tanto o acesso dos espectadores quanto de jogadores de classes menos privilegiadas ao esporte se tornou mais fácil.

Pelos motivos dessa supremacia social aristocrática é que os Jogos Olímpicos Modernos, elaborados por um barão (Coubertin)

---

[1] Ou seja, ações pautadas na regra, nas quais não era apenas o resultado e a vivência da prática que estavam em jogo, mas, sim, as consequências da vitória ou da derrota, podendo até assumir interesses financeiros.

no fim do século XIX, têm princípios amadores.[2] Seus ideais valorizavam a cultura da nobreza em um período em que a burguesia era culturalmente hegemônica e as classes populares também ganhavam certo espaço, em detrimento da aristocracia (Proni, 1998).

Nota-se, em análise histórica do século XIX, que o esporte começa a assumir diferentes faces. Para as classes privilegiadas representava o prazer, a diversão e a transmissão de valores morais; para as classes menos favorecidas, a possibilidade de ascensão social e a entrada no universo esportivo; para a burguesia, o espaço de novas práticas de lazer e também a possibilidade de ganho de capital. Porém, para todos os grupos, significava o início de um espaço de consumo do lazer, por meio da compra de ingressos para assistir a eventos esportivos (Marques, 2007).

O esporte, principalmente em ambientes profissionais, refletia a forma de organização e funcionamento do ambiente industrial, apropriando-se dos costumes a que a sociedade estava se acostumando e ajudando as pessoas a se adaptarem a esse novo estilo de vida (Proni, 1998). Isso ocorreu devido à divisão clara e semântica entre momento de trabalho e de lazer nesse período, sendo este segundo ocupado em grande escala pelo esporte, principalmente porque traduzia os valores de civilidade que a sociedade primava.

Outra forma de representação de disputas entre posições no campo esportivo, de acordo com Bourdieu, traduz-se pelos diferentes estilos de vida e gostos das diversas classes ou grupos sociais.

---

[2] Porém, segundo Marques, Gutierrez e Montagner (2009), essa (amadorismo olímpico) é uma característica do esporte que não ocorre exatamente da mesma maneira atualmente, pois sofre uma crise em um processo de profissionalização, sendo um indicador de transformações desse fenômeno.

O esporte, ao atrair o interesse das massas, acabou por adentrar as classes mais e menos privilegiadas. Por isso, é possível afirmar que o esporte se encontra no dia a dia da sociedade contemporânea, principalmente como produto da indústria cultural capaz de exercer influência sobre os hábitos das pessoas (Pimenta, 2007). Além disso, o esporte acabou se tornando uma forma de acumular capital social (Bourdieu, 1983), o que também contribuiu para sua expansão no espaço social, sendo atualmente um objeto apropriado por inúmeras classes, que acabam variando de acordo com seus gostos específicos, possibilidades de lucros sociais e de acesso ao esporte.

A probabilidade de praticar as diferentes modalidades esportivas depende do capital econômico e, de forma secundária, do capital cultural e do tempo livre, em decorrência das disposições éticas e estéticas, e a expectativa diante dos ganhos ligados ao capital social ou simbólico do campo, a partir da entrada na atividade (Bourdieu, 1983). Tal expectativa varia de acordo com os significados e as funções sociais que os diferentes grupos dão às práticas esportivas (Pilatti, 2006).

Bourdieu cita algumas razões pelas quais certos grupos sociais demonstram mais interesse por determinadas modalidades. Além das diferenças relativas ao capital econômico e cultural, a perspectiva do gosto assume caráter importante. Sendo assim, um ponto destacado pelo autor é o dos diferentes usos do corpo observados nessas atividades e a tendência de preferência de cada grupo social em relação a esse referencial.

Pilatti (2006) acrescenta que, além da diferenciação entre grupos, existe uma variável de escolha por modalidades nesses grupos, de acordo com o estilo de vida dos indivíduos.

Na análise da relação com o corpo entre diferentes modalidades e grupos sociais tem-se que esta está associada a uma experiência originária do mundo físico e social. As práticas mais distintivas (normalmente próximas dos grupos mais privilegiados no campo) são aquelas que asseguram uma relação com maior distanciamento do adversário, ou seja, são mais estetizadas. Por exemplo, há maior procura dos grupos mais populares por atividades como o futebol e o rúgbi, ao passo que grupos de maior posição social preferem o golfe e o tênis (Bourdieu, 1990).

Com base nesse quadro, Marchi Jr. (2002) aponta que, segundo Bourdieu, o esporte pode apresentar duas distintas formas de leitura. Uma tida como sincrônica, na qual uma modalidade está ligada diretamente às disposições evidenciadas nos agentes de uma determinada posição social. Outra, de forma diacrônica, pela qual a modalidade pode ser apropriada por agentes de grupos variados. Isso significa que as práticas esportivas têm a possibilidade de atender diferentes grupos sociais, assim como uma determinada disposição pode apropriar-se de qualquer prática.

Outra luta que se apresenta é em relação à definição sobre filosofias relativas ao uso do corpo (hábitos esportivos) apresentar certas invariantes: definição do exercício legítimo, que mostra a oposição entre profissionais da pedagogia corporal e médicos, isto é, entre duas formas de autoridades específicas ligadas a duas formas diferentes de capital (Bourdieu, 1983).

Tais interesses, apropriações e aproximações do esporte pelos diferentes grupos sociais acabam por traduzir que o esporte se faz, na perspectiva bourdiana, um fenômeno heterogêneo, com diversos significados para as pessoas que com ele se relacionam. Nesse quadro, segundo Bourdieu (1990), uma mesma modalidade acaba por apresentar formas diferentes e dispersas de práticas e essa diferenciação aumenta em relação à distância social dos praticantes.

Gera-se, então, uma elasticidade semântica da prática esportiva, na qual cada grupo se apropria de uma modalidade de acordo com seu *habitus*, período, perspectivas e possibilidade de acesso e ação. O significado da palavra basquetebol não é o mesmo nas décadas de 1950, 1970 e 1990, além de não ter o mesmo sentido para membros de grupos diferentes.

O que se expressa em determinado tempo é marcado pelas apropriações e especificações de que foi fruto nas ações dos agentes dotados de disposições socialmente construídas e de forma particular. Uma modalidade esportiva que oferece grande elasticidade semântica acaba oferecendo grande disponibilidade para usos diferentes, e até opostos, podendo até mudar de sentido (Bourdieu, 1990).

Essas diferentes apropriações são também fruto das inserções de novatos nas práticas, que acabam por modificar algumas disposições já estabelecidas. Porém, a elasticidade semântica não é infinita e as escolhas não são fruto do acaso, visto que o espaço das possíveis variações de representações simbólicas no esporte é restrito (Bourdieu, 1990). Isso ocorre porque é necessária uma série de requisitos para que a atividade continue fazendo parte do fenômeno esportivo e, consequentemente, do campo das práticas esportivas.

As causas para tais diferenças apoiam-se em uma premissa mais geral de Bourdieu (1990), de que as combinações de propriedade sejam fundadas entre traços intercambiáveis, o que as expõe às intervenções de agentes e outros objetos do espaço social.

Por isso, torna-se prioridade no estudo sociológico do esporte a construção de um espaço para as práticas esportivas que abarque a elasticidade de significados das atividades (Bourdieu, 1990). De todo modo, também se faz necessária atenção a esse processo dinâmico por causa dos diferentes impactos e valores morais que essas diversas formas de manifestação transmitem.

Para Bourdieu (1983), que apresenta uma análise mais generalista a esse aspecto, o esporte é concebido como uma escola de coragem e virilidade, capaz de formar o caráter e inculcar a vontade de vencer com base no respeito às regras em oposição à ideia de vitória a todo custo. Segundo o autor, essa lógica, com base na filosofia aristocrática, foi criada com o esporte, nas escolas inglesas, e tem nas ideias de Pierre de Coubertin seu maior expoente.

No entanto, a ciência atual mostra que é possível avançar nesse ponto em relação à obra de Pierre Bourdieu, pois as diferentes formas de manifestação do esporte acabam por transmitir, com base em seu espaço de prática e no sentido adotado, diferentes valores morais (Marques, Gutierrez e Almeida, 2008).

Como exemplo desse aprofundamento e atualização teórica tem-se o "Modelo de concepção das formas de manifestação do esporte" (Marques, 2007) – com base na inter-relação entre três categorias (ambiente, modalidade esportiva e sentido da prática) que se completam na conformação de uma forma de manifestação do esporte –, que aponta a transmissão dos seguintes valores morais, de acordo com o sentido adotado para a prática esportiva, podendo ser ela pautada no *esporte oficial* ou no *esporte ressignificado*:

- *Esporte oficial* (Bracht, 1997; Kunz, 1994; Oliveira, 2002):[3] sobrepujança ao adversário, segregação, comparações objetivas, busca por melhor desempenho e vitória, representação, supervalorização do vencedor e desvalorização do perdedor, comércio e consumo do esporte, disciplina, racionalidade técnica e concorrência.

- *Esporte ressignificado* (Kunz, 1994; Oliveira, 2002):[4] autovalorização e reconhecimento de capacidades individuais próprias, influência positiva sobre a autoimagem e concepção de vida, vivências coletivas, atuação social, prazer na vivência esportiva desvinculado do desprazer de outros participantes, resistência ao sobrepujar e intenção de colaborar, valorização da ludicidade, cooperação, competição sem rivalidade, valorização do processo competitivo e não somente do resultado da competição, crítica à violência em competições e incentivo à não discriminação de sexo, raça ou características físicas.

---

[3] É importante citar que os autores em questão não usam o termo *esporte oficial*, mas se remetem a essa forma de prática pelo termo *alto rendimento*.

[4] Kunz (1994) faz menção ao esporte ressignificado com base no termo *transformação didático--pedagógica do esporte*, que propõe ações e sentidos similares a essa forma.

Nesse modelo, tais sentidos do esporte se apresentam de acordo com o ambiente em que são aplicados: alto rendimento (esporte profissional); lazer (esporte não profissional); e escolar (vinculado ao ensino formal). Nota-se que o sentido do *esporte oficial*, vinculado às regras oficiais de disputa e à busca por vencedores mediante comparação direta de desempenhos, aplica-se nos três ambientes, ao passo que o *esporte ressignificado*, ligado à prática com o objetivo de satisfação das necessidades e das possibilidades dos praticantes, privilegiando o bem-estar dos indivíduos, só está presente nos ambientes de lazer e escolar (Marques, 2007). Nessa perspectiva, uma forma de manifestação do esporte se apresenta com base nas três categorias do modelo.

Por exemplo, um campeonato profissional de voleibol tem um sentido (oficial), que acontece em certo ambiente de prática (competição de alto rendimento) e deriva de uma modalidade específica do esporte (voleibol). A inter-relação entre o sentido e a modalidade da atividade forma o contexto (campeonato), ou seja, uma forma de manifestação esportiva. Um grupo de idosos que se reúne para jogar voleibol (modalidade), visando à diversão e à possibilidade de praticar atividade física (ambiente: esporte como lazer), com equipes que se revezam e regras adaptadas às suas necessidades, intenções e limitações (sentido: esporte de lazer ressignificado) também pratica esporte, sob outra forma de manifestação. Ambos os grupos estão envolvidos com a prática esportiva, porém sob aspectos diferentes e expostos a situações e a valores distintos (Marques, Gutierrez e Almeida, 2008).

Nessa perspectiva, os atletas participantes do ambiente de alto rendimento caracterizam-se como atletas profissionais. Os praticantes ligados ao esporte de lazer e ao esporte escolar são amadores.

Howe (2004) apresenta um modelo de classificação entre atletas amadores e profissionais. Ele aponta que os profissionais são os que recebem recompensas financeiras para competir e se dedicar à melhora de seu desempenho atlético. Já os amadores, subdividem-se em dois grupos: os "devotados", que apresentam características muito próximas dos profissionais, e os "apaixonados", que praticam esporte pelo simples prazer, sem compromisso com a melhora de desempenho. O amador devotado tem a mesma conduta esportiva do atleta profissional, porém em seu momento de tempo livre.

Nessa perspectiva, o amador devotado pratica esporte em um ambiente de lazer, em um sentido oficial, ao passo que o apaixonado, em um sentido ressignificado.

Dessa forma, é possível perceber e justificar a presença de atletas não profissionais em ambientes de alto rendimento. Esse grupo, que apresenta alta dedicação e alto grau competitivo, porém, não recebe recompensa financeira por seu desempenho atlético (desempenho esse que o diferencia do público em geral), pode ser definido como componentes devotados do amadorismo moderno (Howe, 2004).

Qualquer pessoa pode deixar de ser amadora e se tornar profissional, e vice-versa. Tais mudanças de *status* implicam não apenas o recebimento de recompensa pela participação esportiva, mas também uma mudança de *habitus* do atleta e sua inserção em um novo grupo dentro de um campo específico (Howe, 2004).

As transformações sofridas pelo esporte moderno no sentido de conformação do fenômeno contemporâneo foram graduais, por mudanças de paradigmas, seguindo tendências da sociedade, e por marcos históricos. Tais processos começaram a ocorrer de forma mais significativa depois da Segunda Guerra Mundial quando o uso político, a popularização, a mundialização e a espetacularização desse fenômeno tomaram maiores proporções e tiveram seu ápice no fim da Guerra Fria.

No início do século XX, o esporte sofreu uma mudança qualitativa em sua estruturação e divulgação, em razão de dois movimentos básicos:

* transformação das estruturas sociais e econômicas, principalmente depois da Segunda Guerra Mundial;
* progressiva mercantilização da cultura (Proni, 1998).

Essa transformação não se deu como uma ruptura pontual e surgimento de um fenômeno totalmente novo, como no século XIX, mas resultou de adaptações do fenômeno moderno a novas configurações sociais, gerando um objeto diferente. O esporte contemporâneo se faz herdeiro do esporte moderno quanto à sua identidade como campo social (campo esportivo), porém autêntico quanto às suas formas de manifestação e a seus símbolos, signos e objetivos.

Nesse período de transição, o esporte adquiriu importância em âmbito político por sua capacidade de comparações de desempenho e de enfrentamento entre nações. Bracht (1997) aponta algumas das características do esporte que facilitaram seu uso por parte dos Estados: regras de fácil compreensão e resultado imediato; regras universais; possibilidade de identificação com o coletivo; o esporte cria um mundo próprio; representação nacional via comparação de desempenhos e sucesso da nação; é um espelho da respectiva concepção de valores já existente na sociedade capitalista atual.

Entre as funções políticas do esporte moderno destaca-se seu papel diplomático, que o transformou no portador da ideologia de coexistência pacífica entre as superpotências, além de cumprir a tarefa de marcar a presença de uma nação no cenário internacional (Proni, 2002).

No período entre as duas grandes guerras mundiais notou-se a valorização do uso político do esporte em âmbitos nacional e internacional, e os governos passaram a explorar melhor a capacidade desse fenômeno para atrair o interesse das populações e apresentá-lo como possibilidade de comparação direta de desempenho em uma única linguagem, pautada em normas universais. Como exemplo disso, tem-se a organização das Olimpíadas de Berlim, em 1936. No caso, notava-se a destacada intenção do Estado nazista em demonstrar a superioridade da raça ariana sobre os demais países do mundo. Até esse período, quando o esporte começa a tomar proporções de espetáculo (nesse caso voltado à política), os Jogos Olímpicos não faziam muito sucesso, o que mudou com o incremento de seu uso pelos governos e consequente aumento da divulgação (Tubino, 1997).

Depois da Segunda Guerra Mundial, com a separação das grandes potências mundiais em dois blocos econômicos, o esporte passou a ser uma forma de manifestar superioridade perante outros povos e ferramenta política para os Estados. Ganhar medalhas, no período da Guerra Fria, tornou-se um símbolo não somente de orgulho nacional, mas também da superioridade de um sistema político sobre outro (Waddington, 2006). Nesse período, o esporte começou a se expandir em decorrência do aumento de investimentos nas melhorias do alto rendimento e da representatividade exercida por atletas em encontros internacionais, inclusive de países em desenvolvimento.

"O esporte [...] transformou-se em uma extensão da competição política, militar e econômica que caracterizou relacionamentos entre os superpoderes e seus blocos associados" (Waddington, 2006, p. 29).

Nesse panorama, com a entrada da União Soviética nos Jogos Olímpicos (1952, em Helsinque, Finlândia), e com o aumento do financiamento nas modalidades olímpicas por parte dos Estados Unidos, o investimento dos Estados no esporte aumentou de forma substancial (Tubino, 1992). Ocorre nesse período o fortalecimento da perspectiva espetacular do esporte, pois, para que seu uso político fosse eficiente, era necessário divulgá-lo, fazer desse fenômeno uma manifestação cultural importante que gerasse interesse e unificasse formas de comunicação entre todo o mundo. Isso ampliou seus limites geográficos e culturais, tornando-o mais conhecido e valorizado em todo o planeta. Além disso, também abriu possibilidades de novas formas de manifestação, diante das diferentes incorporações desse fenômeno por inúmeras fontes de cultura.

O uso ideário-político do esporte teve seu ápice durante o período da Guerra Fria, e, com a queda do Muro de Berlim, os investimentos mudaram de sentido. Além da finalidade política, como tinha a capacidade de mobilizar grandes multidões, o esporte começou a apresentar potencial mercadológico. Isso ocorreu com o aumento das proporções de divulgação e influência cultural das competições esportivas, principalmente dos Jogos Olímpicos, que passaram a atrair um enorme público mundial e a representar um valioso mercado em potencial. Por exemplo, os primeiros Jogos Olímpicos modernos, em Atenas em 1896, contaram com a participação de 311 atletas e público estimado de apenas 280 mil pessoas (Tambucci, 1997), ao passo que um século depois, a Olimpíada de Atlanta, em 1996, teve cerca de 10 mil atletas de 197 países e custou ao comitê organizador cerca de 1,7 bilhão de dólares (Paes, 2001), sendo um evento transmitido mundialmente, com o número de espectadores na casa dos bilhões.

Segundo Landry (1995), a molécula constitutiva do olimpismo é a busca pela excelência no esporte; o jogo limpo; o desinteresse pelas recompensas e ganhos materiais; rejeição à discriminação sob qualquer forma; promoção do respeito mútuo, ou seja, cooperação e paz entre indivíduos e nações.

Com base nos processos de comercialização dos Jogos Olímpicos pode-se falar em um "Olimpismo Contemporâneo", que tem sua origem nos valores originais dos Jogos Modernos pautados no *fair play*, paz entre as nações e superação dos limites do homem, porém, mais atualizado, com perspectiva comercial e mercadológica (Marques, Gutierrez e Montagner, 2009).

O processo de espetacularização antecedeu o de comercialização (Pilatti, 2000), ou seja, a capacidade de expansão e de veiculação

A conformação do campo do esporte contemporâneo

do esporte como forma de cultura de massa, produzida pelo seu uso político, motivou a mudança desse paradigma para o comercial.

Com o fim da Guerra Fria e o fortalecimento da globalização, o esporte, antes pautado principalmente pela disputa político-ideológica, rumou no sentido da disputa mercadológica entre marcas e fornecedores que financiam o espetáculo e direcionam o sentido das disputas (Darido, 2000).

> a metamorfose dos Jogos Olímpicos parece se completar: o esporte-espetáculo da era da globalização não tem muito que ver com o esporte de elite dos tempos de Coubertin. A sociedade de consumo propiciou a base para que o espetáculo esportivo se convertesse em veículo de propaganda de produtos destinados a mercados de massa. (Proni, 1998, p. 131)

Alguns Estados e investidores privados iniciaram a transformação desse universo em um mundo de mercado, aproveitando-se desse quadro de interesse pelo espetáculo esportivo e pela capacidade de o esporte dialogar com inúmeras formas de cultura por ser um fenômeno universal. Assim, esse objeto assume o *status* de produto e criador de outros novos mercados e bens associados a ele.

Esse movimento expande os limites geográficos, culturais e de significados do esporte. Seu uso se amplia e ele se faz produto não somente em competições internacionais, mas também em níveis regionais. Além disso, a imagem desse fenômeno, por ser considerada positiva e unificadora dos povos, atrai o interesse de muitas pessoas de diferentes culturas.

O esporte moderno, pautado prioritariamente no alto rendimento, não foi capaz de incluir as inúmeras necessidades de prática dos atletas envolvidos em todo o mundo, e o que se nota no fenômeno atualmente é o aumento do uso e criação de formas de atividades esportivas (Tubino, 1992). Isso se expressa nos diversos sentidos e significados para essa prática presentes na sociedade contemporânea. Esse fato levou ao surgimento de inúmeras formas de manifestação desse fenômeno. A diversificação de práticas se coloca como uma das características desse universo que lida com a variedade cultural e social de todos os praticantes.

Por causa da fase de reorganização político-econômica por que passava o mundo no período pós-Guerra Fria e início de globalização, pôde-se notar diferentes formas de gerenciamento e organização esportiva. Sempre com o intuito de divulgar e disseminar a prática, com seu uso em favor do Estado e do comércio.

Eis outro ponto de diferenciação entre o esporte moderno e o contemporâneo: o fim do amadorismo como forma de diferenciação social. A democratização, a massificação, a espetacularização e as inúmeras formas de manifestação desse fenômeno proporcionam acessos tanto em ambientes profissionais quanto não profissionais, não representando uma disputa de grupos, embora o contato com certas modalidades não se expresse de forma homogênea para atletas de estruturas sociais distintas. Na verdade, a diferenciação social que ocorre no fenômeno contemporâneo se dá pelas diferentes condições de vida, ou seja, possibilidades de acesso a bens de consumo que proporcionem oportunidades de prática e consumo do esporte como produto (Marques, 2007).

Bourdieu (1983) afirma que as formas de capital econômico, cultural e social, nessa ordem, estabelecem predominância nas estratégias de distinção e nas disputas entre agentes no campo esportivo moderno. Porém, tem-se no fenômeno contemporâneo uma predominância ainda maior da questão financeira em relação ao caráter cultural ou social, e também em relação ao acesso às suas práticas.

O esporte-espetáculo está presente nesse quadro como resultado da descoberta de que o esporte pode ser um produto rentável, diante de sua relação com os meios de comunicação (Tubino, 1997). Engloba desde o alto rendimento espetacularizado até a criação e a comercialização de produtos voltados a praticantes de lazer, e é caracterizado da seguinte maneira: "Esporte-espetáculo seria a transformação do esporte em mercadoria veiculada pelos meios de comunicação de massa" (Bracht, 1997, p. 13).

> Quando falamos em esporte-espetáculo estamos nos referindo a uma forma particular de práticas altamente competitivas e a uma esfera específica de consumos esportivos. O esporte-espetáculo não substitui, e sim se sobrepõe às formas mais simples de competição esportiva; não concorre com, e sim potencializa as demais formas de consumo esportivo. (Proni, 1998, p. 84)

O esporte-espetáculo tem três traços elementares (Proni, 1998, p. 85):

> Competições esportivas organizadas por ligas ou federações que reúnem atletas submetidos a esquemas intensivos de treinamento (no caso de modalidades coletivas, a disputa envolve equipes formalmente constituídas);

As competições esportivas tornaram-se espetáculos veiculados e reportados pelos meios de comunicação de massa e são apreciados no tempo de lazer do espectador;

A espetacularização motivou a introdução de relações mercantis no campo esportivo, seja porque conduziu ao assalariamento de atletas, seja em razão dos eventos esportivos apresentados como entretenimento de massa passarem a ser financiados através da comercialização do espetáculo.

O objetivo do processo de espetacularização do esporte contemporâneo é a rentabilidade e a busca por profissionalização em diferentes instâncias de intervenção. Seus procedimentos e objetivos são distintos do processo de popularização da prática. Espetacularizando um produto, as ações são direcionadas para um potencial público consumidor, ao passo que popularizando, invariavelmente, o sentido seria a democratização da prática (Marchi Jr., 2006).

É preciso ter claro que o esporte-espetáculo não se limita somente às competições de alto rendimento, profissionalizadas, mas também exerce influência em manifestações esportivas amadoras, pelo consumo de espaços, materiais e práticas tidas como produtos indispensáveis. Além disso, tem-se a importância que as notícias e os acontecimentos esportivos ganham no dia a dia de inúmeros indivíduos ou no consumo cotidiano de bens promovidos por meio do esporte.

Esse consumo ocorre pelos valores de competitividade, garra, saúde, companheirismo, força e inteligência, entre outros, que o esporte associa a uma marca ou a um produto, sendo vantajosa para a empresa que quer expandir suas vendas a ligação de sua marca com esse fenômeno (Tambucci, 1997).

O esporte pautado no espetáculo tem como referência principal a transmissão televisiva e as modalidades, para sobreviver, têm de se adequar às suas normas, exigências e promover certa dose de "espetacularização". Nesse processo definham as modalidades clássicas que não viabilizam tantos lucros, em detrimento das mais rentáveis que, por motivos diversos, são melhores espetáculos para a televisão (Tubino, 1992). Além disso, ocorre a adaptação dos eventos à lógica televisiva, como os horários dos jogos da Copa do Mundo de futebol de 1994, nos Estados Unidos, que foram estipulados visando a um melhor acesso e audiência do público europeu, desprestigiando o local (Tambucci, 1997). A televisão transmite o que lhe interessa, principalmente o que estiver ligado ao lucro e, assim, o esporte torna-se refém de seu sucesso televisivo, pois um evento como os Jogos Olímpicos é transmitido e interpretado de acordo com a lógica do mercado televisivo (Bourdieu, 1997).

O esporte contemporâneo diferencia-se do esporte do período moderno, depois do término da Guerra Fria, por assumir características comerciais e um caráter heterogêneo quanto às suas formas de manifestação. Por essa segunda característica, o conjunto de práticas e de consumos esportivos oferecidos aos agentes sociais pode ser considerado uma oferta destinada a encontrar certas demandas sociais. As transformações das atividades esportivas ocorrem com base na relação entre a oferta de produtos em um dado momento específico e a demanda de disposições para consumi-lo. Ou seja, o espaço dos produtores tende a reproduzir o espaço dos consumidores (Bourdieu, 1990). E, além disso, essa relação se faz dinâmica. As trocas entre demanda e oferta não são permanentes e derivam das condições sociais em determinado período dentro do campo.

A oferta caracteriza-se pelas lutas de concorrência pela imposição da prática legítima e pela conquista de clientela de praticantes comuns, lutas entre diferentes modalidades e, no interior de cada uma delas, entre as diferentes escolas, tradições e categorias de agentes engajados nessa disputa. As transformações de demanda derivam de uma dimensão dos estilos de vida diferenciados (Bourdieu, 1983).

Para Marchi Jr. (2002), na oferta encontra-se um espaço para programas esportivos específicos. Na demanda, destacam-se as disposições esportivas, que também variam de acordo com o estado atual da oferta. Como exemplo, o próprio autor (Marchi Jr., 2006) cita a transição de um período amador do voleibol e a passagem para o profissionalismo crescente, o que fez que a relação oferta/demanda se alterasse, visto os outros rumos de comércio e consumo que o esporte passou a tomar.

Nota-se, nessa perspectiva, que o caráter apontado por Bourdieu, ligado à "elasticidade semântica" do esporte, expande-se no fenômeno contemporâneo, conforme tais diversidades de práticas aumentam, principalmente em decorrência da demanda comercial e da democratização do esporte depois da segunda metade do século XX.

É possível observar que, durante toda a história do campo esportivo, houve um processo de espetacularização e comercialização deste. De certa forma, esse sentido acabou por reforçar a disputa entre amadorismo e profissionalismo, visto que o segundo acabou por abrir as portas a grupos dotados de menos capital cultural, social e econômico no campo.

Essa tendência a espetacularizar e fazer do esporte um mercado, com base em seu caráter heterogêneo, é constante e crescente nos dias atuais, visto serem essas duas das principais características do esporte contemporâneo (Marques, Gutierrez e Montagner, 2009). Esse processo acaba tendo uma séria intervenção e importância no campo esportivo atual.

O contínuo aumento da ruptura entre amadores e profissionais, no campo do esporte, colabora para o desenvolvimento de um fenômeno totalmente separado do esporte comum, para não profissionais. A constituição progressiva de um campo reservado a profissionais é acompanhada da transformação dos leigos em meros espectadores. Isso leva à compreensão e à apreciação totalmente passivas. Dessa forma, a evolução da prática profissional acaba por depender cada vez mais da lógica interna do campo de profissionais, sendo os não profissionais, muitas vezes, relegados a público (Bourdieu, 1990).

O esporte profissional determina também outro sentido e caminho para a prática esportiva. Sem anular a prática de lazer, não profissional, abre-se uma nova perspectiva que acaba por abranger sujeitos de diferentes formas (dirigentes, atletas, técnicos, jornalistas, espectadores etc.), mas em um sentido único do lucro (Marques, Gutierrez e Montagner, 2009).

Nesse sentido, o campo esportivo acaba abarcando agentes e instituições próprios de outros campos de disputas, como grandes empresas, redes de televisão, comitês etc. Tais órgãos, próprios de outros campos específicos, acabam por se encontrar no esporte, contribuindo para a conformação das posições neste campo (Pimenta, 2007). Dessa forma, o esporte, que nasceu nos jogos populares, isto é, produzido pelo povo, retorna ao povo sob a forma de espetáculos produzidos para o consumo (Bourdieu, 1983).

O esporte atual, contemporâneo, encontra-se direcionado à criação de espectadores consumidores de seus símbolos, produtos, imagens e emoções. Nota-se, então, o crescimento do poder econômico sobre o campo esportivo (Marchi Jr., 2006).

Essa massificação do esporte conduziu os agentes desse espaço para um *habitus* social distintivo (diferenciador social), ligado à capacidade de consumo e acesso às práticas (Marchi Jr., 2006). Por exemplo, tem-se o dado de que a possibilidade de praticar esporte depois da adolescência decresce à medida que se desce na hierarquia social, ao passo que a possibilidade de assistir pela televisão aos espetáculos esportivos mais populares decresce conforme se sobe na hierarquia social (Bourdieu, 1983).

Para o desenvolvimento desse caráter comercial do esporte, a divulgação e a criação de um simbolismo sobre ele tiveram extrema importância. Assim, foram associados a esse fenômeno capacidades e atribuições que fizeram dele um objeto de extrema importância na sociedade contemporânea. Por exemplo, sua capacidade educativa, de melhora da saúde, de transmissão de valores morais e de prática de lazer, entre outros.

Embora exista no esporte um uso ideológico e como instrumento de manipulação comercial, focalizar essa característica

A conformação do campo do esporte contemporâneo **67**

como um problema pode levar à não valorização de outros aspectos inerentes a esse fenômeno, e que podem ser elementos transformadores da sociedade contemporânea (Penafort, 2001).

Tais valores transmitidos pelo esporte acabam transparecendo, especialmente para os leigos nesse campo, indivíduos sem o *habitus* específico, que compreendem e apreciam sutilezas e ocorrências, como a valorização da vitória a todo custo. Além disso, tal ignorância diante da apreciação desse fenômeno fortalece a ocorrência de seus efeitos políticos e de manipulação. Como consequência, somada a uma tendência de comercialização dos espetáculos maior do que das práticas, verifica-se o crescimento do consumo passivo do esporte (Bourdieu, 1983).

Dessa forma, conviver com o esporte implica, muitas vezes, testemunhar ações mercadológicas, o que cria inúmeros personagens ligados a esse universo (Marques, 2007, p. 97-8):

> *Atleta-astro*: o esportista profissional que, além de atuar como atleta, também tem sua imagem vinculada a outras formas de ganho de capital e, por que não, outras carreiras, como modelo fotográfico e diplomacia internacional;

> *Atleta-produto*: o esportista profissional que é negociado entre clubes ou organizações financeiras como uma peça que gera lucros;

> *Esportista-consumidor*: o sujeito que paga tanto para ter acesso à prática esportiva quanto para acompanhar exibições profissionais e produtos vinculados ao esporte-espetáculo;

> *Esportista-praticante*: o não-profissional que pratica esporte efetivamente como forma de atividade física sistematizada, sem compromisso formal e econômico de alta *performance*;
>
> *Esportista-sedentário*: o sujeito que se sente atraído pelo esporte, o consome de inúmeras formas, vive seus momentos de lazer em função de manifestações esportivas e de seus produtos, mas não pratica nenhuma modalidade esportiva.

Nesse processo, o capital simbólico do esporte, que se expõe como o mérito esportivo (Marques e Gutierrez, 2009), ou seja, o respeito ao atleta ou ao profissional do esporte de acordo com suas conquistas em competições, acaba sendo o fator de fortalecimento da perspectiva econômica, visto que existe um aproveitamento, por parte dos agentes detentores de capital econômico nesse campo, da valorização simbólica do atleta para investimento e geração de lucros sobre sua imagem.

O atleta, agente primordial do campo esportivo, por suas reconhecidas manifestações corporais torna-se detentor de algumas formas de capitais descritos: econômico (recebe salário e gratificações); simbólico (valores como coragem, bravura etc.) e social (quantidade de capital econômico e simbólico). Pelo capital simbólico são conferidos valores extraordinários ao atleta. E suas habilidades e capacidades acabam ganhando atribuição de valor monetário (Pimenta, 2007).

Para compreender uma modalidade esportiva se faz necessário reconhecer a posição que ela ocupa no espaço do esporte.

Para tal, podem ser adotados alguns indicadores, como a distinção dos praticantes segundo sua posição no espaço social, a distribuição das diferentes federações, seu número, riqueza, características sociais dos dirigentes. Além disso, têm-se como outras categorias interessantes o tipo de relação com o corpo que o esporte fornece ou exige. Portanto, é na relação entre o espaço das práticas esportivas e o das posições sociais que se definem as propriedades pertinentes a cada modalidade esportiva (Bourdieu, 1990).

Nesse apontamento mora outra categoria de Bourdieu, a ideia de subcampo, ou seja, um espaço dentro do espaço específico (no caso do esporte, o campo esportivo) que incorpora as disputas do campo, porém com algumas características próprias de história e relações entre os agentes.

Os subcampos existem em virtude dos campos funcionarem como espaços estruturantes, pois são passíveis de criar esses subespaços dotados de diferentes agentes sociais que se articulam. Reconhecer uma modalidade como um subcampo do esporte é afirmá-la como fenômeno que se modela pelos valores agregados ao esporte como campo maior. Por isso, para compreendê-la, é preciso pensá-la como um sistema dependente do conjunto de práticas esportivas (Pimenta, 2007).

Além de modalidades esportivas formarem subcampos, outras formas de manifestação acabam estando sujeitas a essa categorização, como o esporte de aventura e o esporte adaptado para pessoas com deficiência.

É possível observar que ambas as formas, assim como outros subcampos do esporte contemporâneo, acabam sendo herdeiros das conformações deste, ou seja, apresentam-se como práticas heterogêneas quanto a seus sentidos (são sujeitas de aplicação ao "Modelo de concepção das formas de manifestação do esporte"), e passíveis de influência de um modelo hegemônico do alto rendimento e comercialização.

Os processos de separação entre ambientes profissionais e não profissionais do esporte se apresentam também no esporte adaptado, visto a ocorrência cada vez maior de atletas em competições paralímpicas nos últimos trinta anos (Marques et al., 2009). Mora nesse aspecto um exemplo de aplicação ou aproximação de um fato de disputas ocorrido no campo esportivo e que se reflete no subcampo do esporte adaptado.

É importante considerar que o esporte se configura como um campo abrangente e, dessa forma, engloba o esporte adaptado como parte de sua esfera e, principalmente, uma de suas frentes (Penafort, 2001).

Dessa forma, sendo uma das leis gerais dos campos a aplicabilidade de conhecimentos de um espaço ao outro por regras invariantes, é possível afirmar que na conformação do subcampo do esporte adaptado verifica-se as disposições exigidas pela estrutura formada e, consequentemente, a geração de um *habitus* específico. Por isso, tornam-se úteis e interessantes intervenções sobre esse espaço, na tentativa de melhor compreender as relações entre os agentes, em um sentido de desmistificá-lo socialmente e, de forma paralela, incorporar e sofisticar o conhecimento relativo ao campo esportivo e seus subcampos.

Possíveis intervenções sobre esse objeto (esporte adaptado) podem ser traduzidas como análises sobre distinções sociais, distribuição e acesso dos agentes ao capital econômico, papel e estrutura do seu capital simbólico e a existência e a conformação de seu *habitus* esportivo próprio e específico.

Pode-se tomar como exemplo de relações dentro de um espaço específico, que acaba por se conformar como um subcampo (e comprovar a existência do esporte adaptado como uma forma desse espaço), o caso da natação adaptada competitiva. Sociologicamente, ela se apresenta como um sistema complexo de atores interagindo entre si em suas funções específicas e necessárias para o funcionamento desse ambiente. Têm-se desde atletas até técnicos, árbitros, classificadores e patrocinadores, todos buscando otimizar suas atuações e realizações (Wu, Williams e Sherril, 2000).

De forma mais específica, Howe (2004) cita a possibilidade de um atleta com deficiência deixar de ser amador e passar a integrar um grupo profissional, mudando de posição social e, consequentemente, de possibilidades de acesso ao capital simbólico do campo e seu *habitus*.

Para uma conformação mais detalhada e definitiva do subcampo do esporte adaptado, seguindo o raciocínio científico-metodológico de Bourdieu, figura a necessidade de questões relativas ao desenvolvimento sócio-histórico desse espaço e a condições em que foram e são construídas suas configurações próprias de oferta e demanda, seus bens em disputa, além da lógica emergente no processo de mercantilização e espetacularização das modalidades esportivas presentes nesse espaço.

2

Deficiência como conteúdo sociocultural e a conformação do subcampo do esporte adaptado

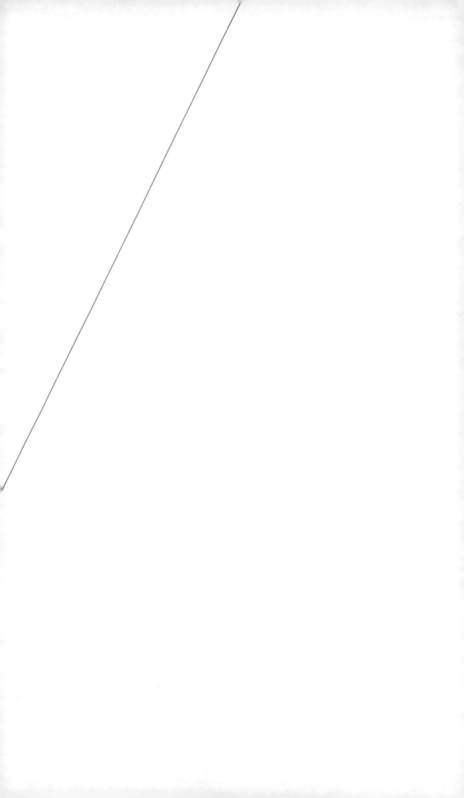

Na busca por análise a respeito das relações sociais próprias do esporte paralímpico a conformação de um espaço social específico, que implique normas e regras de ação próprias, além de um capital simbólico em disputa, fazem-se importantes. Nesse sentido, a compreensão dessa forma de esporte como um subcampo do esporte contemporâneo é uma ferramenta metodológica que conduz a aproximação das ciências do esporte com as formas de socialização ocorrentes nesse meio, permitindo maior compreensão sobre o objeto.

Este capítulo procura apresentar o processo de conformação histórica do esporte paralímpico e de sua solidificação na sociedade contemporânea, com base na análise do processo de sistematização do esporte adaptado e na exploração de características desse fenômeno que o confortam dentro do campo do esporte contemporâneo.

Para tal, será feita uma abordagem a respeito de temas como deficiência, considerando-a atualmente como um fator de caráter sociocultural; aspectos históricos e sociais do início do esporte paralímpico e seu posicionamento como forma de manifestação do esporte contemporâneo.

2.1 Deficiência e inclusão no esporte adaptado

O campo da atividade motora adaptada como um todo, incluindo o esporte adaptado, caracteriza-se por transformações históricas e por diferentes formas de enxergar, abordar e relacionar-se com a pessoa com deficiência.

Nesse sentido, ao envolver-se nesse meio é preciso certo cuidado em relação às formas de tratamento e relacionamento para evitar situações constrangedoras ligadas à segregação, ao preconceito e à estigmatização dessas pessoas. Por isso, para inserção no subcampo do esporte adaptado, é prudente refletir sobre as diferentes formas de deficiência ligadas a esse objeto, além dos conceitos e movimentos de inclusão e integração, objetivando oferecer análise mais pontual, precisa e livre de questionamentos relativos a problemas de segregação e exclusão social.

O primeiro item que merece atenção diz respeito às nomenclaturas e à semântica de termos ligados ao universo das pessoas com deficiência e, mais precisamente, ao esporte adaptado.

Existem diferentes termos na sociedade atual direcionados à caracterização da pessoa com deficiência, que derivam de aspectos legais e/ou estão inseridos no cotidiano das pessoas. Por exemplo, o termo "deficiente" tem sido discutido por vários autores, recebendo significados diferentes. O conceito e os limites de "deficiência" estão relacionados com a própria ideia de normalidade e sua história na sociedade. O que é ou não ser deficiente depende do referencial que determinada sociedade adota acerca da normalidade, pois cobre não apenas componentes físicos ou funcionais, mas também limitações em atividades e participação em tarefas cotidianas (Vlak, Padjen e Pivalica, 2009). Embora, segundo Glat (1995), a limitação orgânica da deficiência seja um dado da realidade.

A deficiência é algo muito presente na sociedade. Segundo Cidade e Freitas (2002), um décimo de todas as crianças nasce ou adquire impedimentos físicos, intelectuais ou sensoriais. De acordo com o Censo do IBGE de 2010, 23,9% da população brasileira (45,6 milhões de pessoas) têm algum tipo de deficiência, sendo 58,3% deficientes visuais; 21,6% deficientes motores; 15,8% deficientes auditivos e 4,3% deficientes intelectuais (IBGE, 2010). Carvalho (2006), autor português, acrescenta ainda que a população com deficiência na comunidade dos países de língua portuguesa seja de 20 milhões de pessoas. É nítido que os dados apresentados mostram-se incoerentes. Talvez isso ocorra por causa de dois fatores: diferença temporal de quatro anos entre as referências e incompatibilidades em relação aos critérios para se considerar um sujeito pessoa com deficiência. Por exemplo, alguém com *deficit* de visão é incluído nas estatísticas do IBGE como deficiente visual, porém, com o uso de lentes corretivas, tem essa característica superada. Mas, de todo modo, é um fato que acaba influenciando os dados quantitativos sobre o assunto.

As deficiências podem ser categorizadas de acordo com o período em que ocorreu o dano (congênito ou adquirido), ou, ainda, em relação ao nascimento (pré-natal ou pós-natal) (Costa, 2001) e serem progressivas, permanentes ou crônicas (Cidade e Freitas, 2002).

Como dado relativo a tais diferenciações, tem-se que dos 18 medalhistas de ouro brasileiros nos Jogos Paralímpicos de 2004 (Atenas), 11 tiveram a deficiência adquirida, e 7, a congênita (Florence, 2009).

As autoras americanas De Pauw e Gavron (1995) apontam para uma tendência contemporânea em adotar sempre a palavra "pessoa" antes de sua condição. Por exemplo, "pessoa com deficiência" ou "pessoa com desvantagens físicas", o mesmo se aplicando à palavra "atleta", "atleta com deficiência" ou "atleta com desvantagens físicas".

A Declaração dos Direitos das Pessoas Deficientes, aprovada pela Assembleia Geral da Organização das Nações Unidas (ONU), em 9 de dezembro de 1975, especifica em seu artigo 1º que o termo "pessoa deficiente" refere-se a qualquer pessoa incapaz de assegurar a si mesma, total ou parcialmente, as necessidades de uma vida individual ou social normal, em decorrência de suas capacidades físicas ou mentais (Cidade e Freitas, 2002).

Nota-se que essa abordagem pode ser falha se direcionada a algumas pessoas que, embora apresentem certa deficiência, ainda assim, são autônomas e independentes na sociedade atual. O que dizer de atletas que não dependem de ninguém, nem de nenhum implemento especial para treinarem e competirem, ou mesmo de ajudas indispensáveis para sua vida cotidiana?

Em relação à pessoa com deficiência, Pettengill (2001) aponta que, no Brasil, enquanto a área da educação adota o termo "portadores de necessidades especiais", no esporte, a partir da Constituição Federal de 1988, é usada a denominação "portadores de deficiência". A legislação esportiva deste país também emprega tal denominação, embora esteja bastante ultrapassada.

É importante destacar que o termo "necessidades especiais" abarca uma série de situações (Cidade e Freitas, 2002): deficiência; síndromes; altas habilidades (superdotados); distúrbios de saúde; problemas de comunicação; dificuldades de aprendizagem.

Na Política Nacional de Educação Especial Brasileira de 1994, o termo "pessoa portadora de deficiência" é usado para designar a pessoa que apresenta, em comparação com a maioria das pessoas, significativas diferenças físicas, sensoriais ou intelectuais decorrentes de fatores inatos ou adquiridos, de caráter permanente, que acarretam dificuldades em sua interação com o meio físico e social. Porém, é possível notar que o documento, de mesmo nome, apresentado em 2008, refere-se a essas pessoas como "pessoa com deficiência".

Nota-se que, ao comparar as afirmações de Pettengill (2001) e a legislação atual, houve certa mudança semântica em relação a essas pessoas. Isso se justifica, segundo Cidade e Freitas (2002), pelo fato de que "pessoa portadora de necessidades especiais" é o termo que caracteriza alguém que não é necessariamente portador de alguma deficiência, mas, sim, a que apresenta algum tipo de deficiência ou condutas e habilidades fora dos padrões, necessitando, por isso, de recursos especializados para desenvolver plenamente seu potencial e/ou superar ou minimizar suas dificuldades. Por isso, o termo "portadora" torna-se impróprio, pois a pessoa não porta necessidades, como se estas pudessem ser descartadas.

Outros termos presentes nesse ambiente são citados por Leitão (2002, p. 11):

> Pessoa deficiente: qualquer um que, devido a suas capacidades físicas ou mentais, não seja capaz de assegurar uma vida individual ou social "normal";

> Pessoa portadora de deficiência: pessoa que apresenta, em comparação com a maioria das pessoas, significativas diferenças físicas, sensoriais ou intelectuais, decorrentes de fatores inatos ou adquiridos, de caráter permanente, que acarretem dificuldades em sua interação com o meio físico e social;

> Pessoa portadora de necessidades especiais: pessoa que apresenta, em caráter permanente ou temporário, algum tipo de deficiência física, sensorial, cognitiva, múltipla, condutas típicas ou altas habilidades necessitando, por isso, de recursos especializados para desenvolver mais plenamente o seu potencial e/ou superar ou minimizar suas dificuldades;
>
> Pessoa portadora de necessidades educacionais especiais: utilizado no âmbito escolar.

No campo esportivo, os termos "pessoa portadora de deficiência" ou "pessoa deficiente" continuam a ser segregadores, pois essas pessoas não portam deficiência (Comitê Organizador dos Jogos Parapanamericanos Rio 2007, 2007). A Federação Internacional de Atividade Física Adaptada (Ifapa) sugere, em seu Simpósio em 1999, em Barcelona, o uso do termo "pessoa com deficiência" como o mais adequado quando relacionado ao sujeito no ambiente de atividade física. Em relação à deficiência mental, o termo sugerido é "descapacidade intelectual", embora o termo "descapacidade" não exista em português, podendo ser usado o termo "deficiência" (Leitão, 2002).

Quanto à pessoa que não tem deficiência é preciso cautela para evitar termos como "normal". O mais adequado, seguindo a perspectiva apontada até o momento, seria "pessoa não deficiente" (Comitê Organizador dos Jogos Parapanamericanos Rio 2007, 2007).

Quanto à nomenclatura de atletas paralímpicos é importante o cuidado para evitar termos como "atleta deficiente" ou "para-atleta", este segundo significando que o sujeito é quase um atleta. O atleta que participa dos Jogos Paralímpicos é tão atleta quanto o que está presente nos Jogos Olímpicos. Logo, o termo mais adequado seria "atleta paralímpico" (Comitê Organizador dos Jogos Parapanamericanos Rio 2007, 2007).

Neste trabalho, embora de forma diferente da legislação esportiva brasileira, o termo adotado será "pessoa com deficiência", pois exclui a ideia de "portador", como se ele pudesse se desfazer da deficiência, e atribui mais importância à pessoa do que à sua deficiência, facilitando a relação com a ideia de eficiência. O mesmo procedimento será adotado em relação ao termo "atleta", quando usado no lugar da palavra "pessoa".

Os campos de deficiência incluidos pelo esporte adaptado podem ser classificados da seguinte maneira (Jordán, 2009): deficiências sensoriais – visual (DV) e auditiva (DA); deficiências motoras ou físicas (DF); deficiências intelectuais e cognitivas (DI).

A DV corresponde à anulação ou à redução da capacidade de ver; a DA, à perda parcial ou total da audição; a DI, a um funcionamento intelectual geral significativamente abaixo da média (Cidade e Freitas, 2002), a DF, a qualquer modificação no corpo humano, relativa a um impedimento ortopédico, neurológico ou de má-formação (Costa, 2001).

Quanto à deficiência visual (DV), Conde (2001) aponta que, pedagogicamente, delimita-se como cego aquele que não detém o sentido da visão ou, mesmo tendo visão subnormal, necessita de instrução em braille e que lê impressos ampliados ou com auxílio de potentes recursos ópticos. Este autor acrescenta ainda que o deficiente visual congênito não tem memória visual e não desenvolve de forma natural outros sentidos intactos de forma compensatória.

Cidade e Freitas (2002) classificam a DV em: cegueira total (ausência total da visão); visão subnormal (sensação de projeção luminosa) e ambliopia (*deficit* parcial em apenas um olho ou em ambos, em estados organicamente perfeitos – estrabismo).

Quanto à DA, pode ser classificada em relação ao *deficit* auditivo (Cidade e Freitas, 2002, p. 53): Leve – perda auditiva entre 40 e 60 decibéis. Percepção da voz real e perda de alguns elementos fonéticos; Moderada – perda entre 60 e 70 db. Percepção de apenas vozes altas; Grave – perda entre 70 a 90 db. Não podem ouvir a voz, mas percebem sensações auditivas; Profunda – perda acima de 90 db.

Para Craft e Lieberman (2004), o termo surdez designa uma perda auditiva em que a capacidade de audição é insuficiente para compreender as informações ligadas ao som, com ou sem uso de aparelho.

Quanto à DF, esse tipo pode ser temporário ou permanente. Têm-se como seus principais tipos e causas (Costa, 2001): amputação; poliomelite; traumatismo crânio-encefálico; traumatismo raquimedular; acidente vascular cerebral; espinha bífida; paralisia cerebral; más-formações, como nanismo. Embora, exceto à baixa estatura, as pessoas com nanismo podem ser consideradas não deficientes (Porreta, 2004b).

Quanto à DI, o indivíduo com esse tipo de deficiência caracteriza-se por um *deficit* de inteligência em níveis práticos (independência), social e conceitual (cognitivo). A confirmação dessa situação se dá na ocorrência concomitante de limitações em duas ou mais áreas ligadas à capacidade do indivíduo de responder adequadamente às demandas da sociedade em aspectos ligados à comunicação, a cuidados pessoais, a habilidades sociais, ao desempenho na família e comunidade, à independência na locomoção, à saúde e à segurança, ao desempenho escolar, no lazer e no trabalho (Krebs, 2004).

O indivíduo com DI pode ser classificado em apenas dois níveis: leve e severo. Tais graus se baseiam nas habilidades adaptativas e no grau de apoio de que o indivíduo necessita em um ambiente particular ou em toda sua vida cotidiana (Krebs, 2004).

O corpo humano convive com a dialética eficiência *versus* deficiência. Todo corpo tem eficiência em suas ações, assim como apresenta deficiências e limites. Corpos com deficiência são estruturas que apresentam graus diferentes de limites dos esperados socialmente (Morais, 2006), o que aproxima a deficiência de um fator relativo à compreensão social. Independentemente do tipo, razão ou grau de deficiência, sua presença na sociedade ainda é motivo para segregação e preconceito. No decorrer da história, a percepção sobre deficiência se mostrou de forma diferente segundo os diversos grupos sociais. Porém, atualmente, a presença de uma pessoa com deficiência em determinados grupos ainda é, infelizmente, uma situação que causa estranheza ou incômodo em algumas pessoas.

Por isso, existe certo movimento de busca da inclusão dessas pessoas em várias áreas da sociedade, o que visa a aumentar a possibilidade de sua participação ativa e interativa (Pettengill, 2001). Nota-se que, a partir do século XX, as pessoas com deficiência têm estado mais presentes e ativas na sociedade do que em épocas anteriores.

Nesse processo encontra-se o campo do esporte, em que ainda moram algumas estranhezas, preconceitos e segregações em relação a essas pessoas. Discussões a respeito de inclusão, integração e exclusão são muito recorrentes e estão na pauta em qualquer que seja o ambiente de manifestação esportiva.

Por essa razão, torna-se importante abordar tal reflexão, visto que é chave relevante para a compreensão das relações sociais no subcampo do esporte adaptado e, especificamente, do esporte paralímpico.

Um primeiro ponto importante de análise é a ideia de que as dificuldades das pessoas com deficiência, de se desenvolverem e atuarem no espaço social, reside não somente em sua condição biológica, mas também, e com muito destaque, em questões culturais, econômicas e ambientais (Pettengill, 2001). A exclusão, de modo geral, baseia-se no princípio de que os incluídos têm acesso a bens, riquezas, possibilidades ou oportunidades que os excluídos não têm. Nesse quadro, eles formam uma dialética em que um não existe sem o outro (Carmo, 2006), havendo, nesse aspecto, uma aproximação entre a perspectiva de grupo de Bourdieu, próprio de campos sociais, e o tema da exclusão social.

No decorrer da história o tratamento prestado a pessoas com deficiência foi focado na diferença, no medo e na superstição (De Pauw e Gavron, 1995). Tais dificuldades vêm se arrastando no decorrer dos tempos. Na Antiguidade, pessoas fora do "tipo ideal", ou seja, com deficiências, não tinham a mesma valorização e posicionamento social que as pessoas não deficientes. Eram tratadas como indivíduos possuídos pelo mal, sendo torturadas, mortas, queimadas, expulsas da sociedade, eliminadas (De Pauw e Gavron, 1995), evitando-se, assim, a contaminação de todo um povo que necessitava ser sadio e forte para o combate corpo a corpo que predominava na época (Rosadas, 1989). Na Grécia e na Roma antigas (500 a.C. a 400 d.C.), apenas amputações de guerra eram toleradas pelas sociedades. A superstição em relação a maus espíritos ainda persiste, assim como o assassinato e o abandono de crianças com deficiências (Winnick, 1987). No início do cristianismo (400-1500 d.C.), por causa da influência religiosa, as pessoas com deficiência eram trancadas em casa ou ficavam sob a proteção dos padres. Mas isso não as livrava da ideia de maldição, sendo submetidas, inclusive, a sessões de exorcismo. Ainda nos séculos XVI e XVII, pessoas com deficiência eram perseguidas e torturadas (Cidade e Freitas, 2002).

O século XVIII marcou a transição do medo, da superstição e da hostilidade com pessoas com deficiência, para a compaixão e a decisão de educá-las como indivíduos. Elas eram tratadas como doentes, não eram aceitas como indivíduos, como parte da sociedade, mas como pessoas coitadas que deveriam ser remediadas (De Pauw e Gavron, 1995). Deu-se, nesse período, o início da perspectiva médica da deficiência.

O modelo médico acabou sendo, e ainda é, em parte, responsável pela resistência da sociedade em mudar suas estruturas e atitudes para incluir em seu seio as pessoas com deficiência e/ou com condições atípicas, pois, sendo nessa perspectiva a deficiência algo ligado à doença específica dessas pessoas, basta prover-lhes algum tipo de serviço, que o problema estará solucionado (Sassaki, 2002). O modelo médico de deficiência se baseia na busca pela cura, reabilitação e acaba por promover certa segregação em relação aos padrões de normalidade da população (Bailey, 2008).

As primeiras instituições brasileiras para atendimento de deficientes foram construídas em 1854 por ordem de D. Pedro II: o Imperial Instituto dos Meninos Cegos, Instituto dos Surdos-Mudos e o Asilo dos Inválidos da Pátria (destinado a ex-combatentes mutilados) (Silva, 2009).

Durante o século XX, inicia-se a busca por tornar a vida dessas pessoas parecida com a daquelas não deficientes, principalmente depois da Primeira Guerra Mundial (De Pauw e Gavron, 1995). Após a Segunda Guerra Mundial, tem início a adoção de métodos de ensino especializados e de programas de reabilitação para pessoas com deficiência (De Pauw e Gavron, 1995).

Reabilitação é o processo de preparação final para a reinclusão ou reinserção de pessoas com deficiência na sociedade. É uma fase de transição entre a terapia e a ação ativa da pessoa no todo social (Souza, 2006a).

Nesse sentido observa-se, durante a segunda metade do século XX, o surgimento do movimento de integração que buscava inserir as pessoas com deficiência na sociedade sem a transformação necessária desse ambiente social.

A premissa da integração é a de que todas as pessoas com deficiência têm o direito de gozar uma vida o mais próxima possível das condições gerais que prevalecem para as pessoas não deficientes, tendo oportunidades e livre acesso às mesmas normas sociais, educacionais e de lazer oferecidas à população como um todo (Glat, 1995; Penafort, 2001).

O processo de integração social pauta-se na esperança de a sociedade acostumar-se com a presença da pessoa com deficiência e acomodá-la em seu cotidiano (Glat, 1995). Esse processo, ainda baseado em uma lógica médica de deficiência, nasceu com o intuito de derrubar a prática de exclusão social arrastada por vários séculos e inserir essas pessoas em sistemas sociais gerais, como educação, trabalho, família e lazer; tal processo teve seu ápice na década de 1980 (Sassaki, 2002). Ou seja, inseri-las em ambientes não necessariamente adaptados às suas possibilidades.

A palavra *integrar* significa oferecer oportunidades iguais, principalmente nos campos da educação, da saúde, do trabalho, da cultura, do lazer e da atividade física. Nesse sentido, os princípios do movimento de integração são: igualdade, participação ativa e respeito a direitos e deveres socialmente estabelecidos (Cidade e Freitas, 2002).

O movimento de integração ocorre de três formas (Sassaki, 2002): inserção pura e simples da pessoa com deficiência na sociedade; inserção com alguma adaptação; e inserção com ambientes separados. Nesse modelo integrativo, a sociedade aceita receber pessoas com deficiência, desde que sejam capazes de adaptar-se e vencer os obstáculos físicos e atitudinais do meio social (Cidade e Freitas, 2002).

Como aplicação desse modelo no esporte, Winnick (1987) aponta uma proposta de continuidade de inserções da pessoa com deficiência até um esporte integrativo, ou seja, a participação conjunta de pessoas com deficiência ou não na mesma atividade esportiva. Esse modelo procura apresentar um tipo ideal de oportunidades no esporte para essas pessoas.

Nesse modelo, o autor norte-americano propõe que a pessoa com deficiência melhore sua capacidade de desempenho esportivo permitindo-se participar com outros atletas, sendo este segundo grupo não deficiente. Nessa lógica, pautada no movimento de integração, cabe à pessoa com deficiência capacitar-se para competir com sujeitos não deficientes.

Esse processo, baseado em uma escala de graus de integração esportiva, expressa a ação conjunta entre sujeitos com deficiência ou não nesse ambiente, e, assim, segue cinco etapas (Winnick, 1987): esporte adaptado segregado (com adaptações, exclusivo a pessoas com deficiência); esporte adaptado integrado (com adaptações, não exclusivo a pessoas com deficiência); esporte regular e adaptado (pessoa com deficiência consegue participar tanto do esporte adaptado quanto do convencional); esporte regular com ajustes (pessoa com deficiência participa com não deficientes, mas com pequenos ajustes e adaptações); e esporte regular (pessoa com deficiência se insere no esporte para não deficientes sem nenhuma adaptação).

Paciorek (2004) aponta a ideia central da integração no esporte. Ele afirma que esta só é possível desde que as adaptações não mudem as características do esporte nem alterem a habilidade necessária para praticá-lo. Ou seja, é reforçada a ideia de que o indivíduo deve se adaptar às condições do ambiente.

Pautado no processo de ensinar a pessoa com deficiência a se adaptar à sociedade, embora também tenha gerado alguns bons resultados, o movimento integrativo promoveu alguns poucos exemplos de êxito e inserção de atletas com deficiência no esporte para não deficiente. E, em muitos casos, acabou por expor e aumentar as diferenças e o preconceito em relação a essas pessoas.

Como exemplo de sucesso dessa integração (embora ainda antes da Primeira Guerra Mundial), tem-se George Eyser, atleta norte-americano que ganhou a medalha de ouro na ginástica nos Jogos Olímpicos de 1904, em Saint Louis, competindo com uma perna de madeira. Atuações mais recentes também podem ser destacadas, como a da jogadora polonesa de tênis de mesa Natalia Partyka e do corredor sul-africano Oscar Pistorius que participaram dos Jogos Olímpicos de 2012, em Londres. A participação desses atletas em provas nos Jogos Olímpicos demonstra que, atualmente, há um reconhecimento desses indivíduos como atletas de verdade (Paciorek, 2004). A entrada de atletas nesses Jogos depende apenas de sua capacidade de alcançar certos índices esportivos.

Por outro lado, são muitas as frustrações provenientes do processo de integração. Existem ambientes não preparados para receber e propiciar a essas pessoas vivência e interação completas e satisfatórias na sociedade contemporânea. Tem-se a ocorrência de atletas com deficiência inseridos em ambientes de alto rendimento sem a preparação necessária para tal. Essa má colocação do atleta em um nível inadequado pode fazer que o processo seja segregador para ele (Almeida e Oliveira Filho, 2001).

Talvez a grande falha do processo de integração tenha sido a expectativa de que a sociedade recebesse as pessoas integradas de braços abertos. Porém, nem sempre isso ocorreu e ocorre, pois o grupo social e a própria pessoa precisam se preparar para tal inserção (Glat, 1995).

Pode-se citar também outra forma de integração no esporte, é o que Nixon (2007) chama de *integração inversa*, a qual se configura como a presença de atletas não deficientes no esporte adaptado, que se sujeitam às condições da pessoa com deficiência, usando cadeira de rodas, por exemplo. O autor aponta que isso pode ser negativo, pois tira a vaga de um atleta com deficiência e, em alguns casos, pode representar alguma desvantagem técnica.

Porém, há quem apoie esse tipo de processo. Por exemplo, Craft e Liebermann (2004) e Munster et al. (2008) defendem a prática do *goalball* (modalidade esportiva exclusiva para DV) para pessoas com visão, sendo esta uma oportunidade de identificar e vivenciar percepções e situações enfrentadas por pessoas com visão prejudicada. Florence (2009) também apoia a inserção de pessoas não deficientes em práticas adaptadas, fortalecendo o princípio de igualdade de participação e de oportunidades, diminuindo a diferença entre os atletas.

Em outro sentido, a partir do fim do século XX surge outro movimento que não nega a integração, mas a melhora buscando adaptar a sociedade às possibilidades e realizações das pessoas com deficiência, proporcionando-lhes melhores condições de convivência e realizações, certa independência, autonomia e empoderamento. Esse novo enfoque recebe o nome de *inclusão social*.

A inclusão social baseia-se em princípios de aceitação de diferenças, valorização de cada indivíduo, convivência dentro da diversidade humana e aprendizagem por meio da cooperação (Sassaki, 2002). O movimento de inclusão é uma forma elaborada que procura, mediante ações articuladas, adaptar a pessoa com deficiência à sociedade, e vice-versa (Duarte e Santos, 2003).

Tal movimento é fruto de uma mudança da predominância do modelo médico de deficiência (que destaca os impedimentos do indivíduo e o responsabiliza pela sua reinserção na sociedade), para um modelo social de deficiência (que destaca a relação da pessoa com a sociedade e suas potencialidades de relação com esta) (Munster et al., 2008). Nessa perspectiva é o ambiente social que cria problemas à pessoa com deficiência. Nesse caso, cabe à sociedade eliminar as barreiras físicas, programáticas e atitudinais para a inclusão dessas pessoas, sendo dificuldades maiores do que a própria deficiência (Sassaki, 2002; Pereira, Silva e Pereira, 2006). No modelo social de deficiência, indivíduos com algum comprometimento tornam-se deficientes quando a sociedade lhes priva de uma participação social plena. Isso pode ocorrer em relação ao acesso, à mobilidade, à comunicação ou a outras formas de barreiras (Bailey, 2008).

Nesse período, ocorre uma fase de transição entre a integração e a inclusão e, como toda transformação cultural, apresenta-se como algo processual. Por isso, é possível e compreensível que ambos coexistam por algum tempo até que a primeira ceda espaço em definitivo para a segunda (Sassaki, 2002).

Para Sassaki (2002), a inclusão é a modificação da sociedade como pré-requisito para que a pessoa com deficiência possa buscar seu desenvolvimento e exercer a cidadania. É um processo amplo, que pressupõe transformação nos ambientes físicos e sociais, inclusive da própria pessoa com deficiência. O mesmo autor conceitua inclusão social como o processo pelo qual a sociedade se adapta para poder incluir, em seus sistemas sociais gerais, pessoas com necessidades especiais e, simultaneamente, estas se preparam e se capacitam para assumir seus papéis na sociedade.

A adaptação de um indivíduo à sociedade se constitui de dois fatores básicos, a informação e a mudança de atitude do grupo social em relação à pessoa com deficiência, dependendo ambos da situação social em que o indivíduo está inserido (Duarte, 2001). Afinal, o problema da deficiência não é apenas físico, mas social. Tanto a semântica desse termo quanto o tratamento dado a essas pessoas deriva da forma como a sociedade as recebe e as trata (Duncan, 2001).

Assim, a essência que contribui para um efetivo processo, a fim de assegurar os direitos humanos e sociais das pessoas com deficiência, não é olhar e valorizar suas limitações ou desvantagens, mas, sim, suas potencialidades (Pedrinelli e Verenguer, 2005).

A inclusão social tem sua filosofia voltada à modificação dos sistemas sociais gerais, objetivando facilitar a participação de pessoas com deficiência na sociedade (Munster et al., 2008). Nesse processo, entidades de atendimento especializado podem ou não ter papel positivo, pois, por um lado, ajudam no desenvolvimento de potencialidades do indivíduo, e, por outro, correm o risco de segregá-lo em um ambiente totalmente favorável e fantasioso em relação à sociedade, favorecendo certo preconceito quanto a esses sujeitos.

A inclusão social baseia-se em duas esferas que agem em conjunto. Uma pautada no desenvolvimento das capacidades do indivíduo e em sua preparação para a participação no espaço social, outra na adaptação e adequação da sociedade para receber, interagir e posicionar a pessoa com deficiência em seu quadro social sem nenhuma forma de preconceito e segregação, oferecendo-lhe as mesmas oportunidades de realização de qualquer outra pessoa.

A inclusão não é só inserir mais uma pessoa no grupo, e sim dar condições para que ela se sinta como membro que dele participa ativamente, em termos de relacionamento e conhecimento com os demais que são considerados normais. Ou seja, querer estar incluído é querer fazer parte, estar junto e ser complemento daquele grupo (Aguiar e Duarte, 2005).

Com base nisso, o princípio de igualdade adquire grande importância em um processo de inclusão. Não existe um pré-requisito para que a pessoa possa ser incluída na sociedade, pois ela vai se desenvolver durante o processo, em parceria com a sociedade, buscando soluções e equiparando oportunidades (Sassaki, 2002).

Da mesma forma que há uma "integração inversa", há o movimento de "inclusão inversa", no qual um grupo tem maioria de pessoas com deficiência e minoria de pessoas não deficientes, porém todos com as mesmas oportunidades de ação e de participação (Pedrinelli, 2006).

A inclusão necessita, além da colocação de pessoas com deficiência ou não nos mesmos locais e processos, de serviços de apoio para que essa implementação seja bem-sucedida. Nesse sentido, é reforçada a ideia de que o termo "esporte adaptado" seja mais adequado do que "esporte para portadores de deficiência", pois se faz necessário, nesse processo de inclusão, oferecer oportunidades de esporte que sejam adequadas a qualquer público, com deficiência ou não (Winnick, 2004b).

No sentido de preparação da sociedade e abertura de oportunidades de aproximação da pessoa com deficiência com o esporte, competições de esporte adaptado têm sido os meios principais, desde a metade do século XX, de mudança de atitudes da sociedade em relação à deficiência e à aceleração da agenda de inclusão, ajudando a preparar o meio social para a participação da pessoa com deficiência, diminuindo o preconceito e melhorando a compreensão sobre as possibilidades de realização desses atletas. Os Jogos Paralímpicos, por exemplo, têm causado impacto positivo em diferentes partes do mundo, inclusive onde a deficiência era ideologicamente problemática, focando mudanças em atitudes oficiais (Gold e Gold, 2007).

Tem-se, por exemplo, o registro de que, em 2000, na preparação da cidade de Sidney para os Jogos, foram elaborados programas de divulgação e educação a respeito de esporte adaptado voltados à população, principalmente para crianças. Outro exemplo, em 2004, quando foi realizado um grande programa de adequação de uma cidade-sede (Atenas, Grécia) às exigências de adaptação para os Jogos. Na oportunidade, foi desenvolvido o Programa de Escolha Acessível (Acessible Choice Program), que orientou estabelecimentos privados da Grande Atenas a se prepararem e se adaptarem para facilitar o acesso de pessoas com deficiência (Gold e Gold, 2007).

A real inclusão no esporte significa que indivíduos possam ter as mesmas possibilidades de escolha, independentemente de sua condição. Ter acesso ao esporte não implica a ideia de que todos os sujeitos escolheriam ou desejariam participar ou competir com não deficientes. Esse acesso significa poder escolher e ter condições de práticas que possibilitem uma participação plena. A inclusão de indivíduos com deficiência no campo esportivo é dar a eles a chance de escolher e não ser excluído somente por serem como são (De Pauw e Gavron, 1995).

Além disso, pode-se apontar a ideia de que o esporte adaptado procura também traduzir a imagem de pessoa deficiente para eficiente, salientando suas possibilidades de realização e desvalorizando suas limitações (Munster e Almeida, 2005; Florence, 2009).

Esse processo ocorre quando a condição de participação é apropriada, isto é, quando as formas estruturais comportam e demandam motivação, interesse e habilidade do participante. Isso permite afirmar que a pessoa está apta a competir sem estigma ou medo de ter sua identidade comprometida ou seu *status* ou interação afetados negativamente por sua deficiência ou pela percepção desta. Nesse processo, a deficiência tem de ser transformada em algo irrelevante para a competição, estando os atletas satisfatoriamente acomodados e a disputa adaptada às suas necessidades e possibilidades (Nixon, 2007).

Jordán (2006) aponta para uma discussão a esse respeito, acerca da possibilidade de exclusão das modalidades de arco e flecha e tiro dos Jogos Paralímpicos. Segundo o autor, tais formas de disputa não privilegiam atletas não deficientes em detrimento dos com deficiência. Logo, poderia ocorrer em disputa única para os dois grupos, apenas nos Jogos Olímpicos.

Embora o objetivo maior do esporte adaptado contemporâneo não seja a reabilitação, são inegáveis os benefícios que a prática pode proporcionar ao atleta, principalmente ligado a aspectos psicossociais (Gorgatti e Gorgatti, 2005). Assim como todas as manifestações do esporte, a prática esportiva para pessoas com deficiência acaba não sendo apenas vinculada ao aspecto técnico, mas também a valores morais que interferem tanto no desenvolvimento da pessoa em questão quanto dos outros a sua volta (Munster e Almeida, 2005).

Wheeler et al. (1999) apresentam dados relativos à percepção de atletas paralímpicos norte-americanos, ingleses, canadenses e israelenses a respeito de sua inclusão bem-sucedida no esporte. Eles apontam que esse processo se deu de forma positiva na vida pessoal deles, diante da melhora em sua autoestima, da sensação de competir contra a deficiência e vencê-la, além da possibilidade de retornos materiais. A maioria desses atletas não considera a deficiência um desastre, mas sim uma bênção disfarçada.

Em estudo com jogadores de rúgbi em cadeira de rodas, Goodwin et al. (2009) apontam que esses atletas relataram sentir-se membros envolvidos em uma comunidade com objetivos comuns, na qual a deficiência não era encarada como um problema. Os jogadores apontaram ter pouco contato com outros cadeirantes em seu cotidiano fora dos treinos e dos jogos. Estar presente no grupo de atletas com condições parecidas lhes dá a sensação de que a vida pode ser melhor.

A possibilidade de convívio com pessoas em condições semelhantes mostrou-se positiva para jogadores de futebol de 5 (com DV). Estar com seus iguais estimulou a busca por interesses próprios às suas características e valorizou suas capacidades não como consequências de deficiência, mas como possibilidades de eficiência (Morato et al., 2011). No mesmo sentido, atletas de judô com DV apontam em outro estudo que a competição paralímpica lhes traz a sensação de serem produtíveis, úteis, o que lhes confere orgulho próprio (Gomes, Morato e Almeida, 2011).

O movimento inclusivo no esporte adaptado não pode, de maneira nenhuma, negar a busca por excelência atlética, peculiar a muitas esferas do esporte convencional (Winnick, 2004b). Essa forma de manifestação pode ser uma oportunidade valiosa de inserção social de um atleta e de desenvolvimento de suas qualidades. Por isso, atletas com deficiência devem poder escolher entre praticar esporte com a finalidade de busca por alto rendimento, ou somente visando à participação e ao bem-estar.

No ambiente da prática esportiva de alto rendimento, a partir do momento em que o atleta com deficiência está incluído, ele sofre as mesmas pressões e obrigações e está sujeito às mesmas implicações, positivas e negativas, que o atleta não deficiente. Sendo um ambiente de comparação de desempenhos atléticos, aqueles com deficiências mais severas acabam sendo menos privilegiados em alguns momentos, pois, segundo Rodrigues (2006b), a comparação competitiva de desempenho acaba por dificultar o processo. Outro exemplo nesse meio é que esses atletas mostram ao mundo que a deficiência pode ser superada enquanto barreira para o alto rendimento, porém, assim como no esporte convencional, as lesões e a dor são obstáculos presentes e até mais duros (Howe, 2004).

Logo, a capacidade de inclusão social do esporte adaptado pode ser considerada de grande valor. Em relação a seu sentido oficial, as questões segregacionistas são as mesmas do esporte de alto rendimento para atletas não deficientes.

Independentemente da forma de manifestação do esporte praticado, os feitos da pessoa com deficiência têm aberto uma nova dimensão do potencial humano e das habilidades possíveis para esses e outros indivíduos (Landry, 1995).

Porém, como cita Ribeiro (2001), apenas propiciar a prática esportiva não garante a inclusão. Para tal, é importante que todos os envolvidos façam parte do objetivo da atividade, seja ele qual for, não ignorando as diferenças existentes, muito menos a diversidade que os cerca. É preciso, nesse processo, que cuidados como a motivação para a prática e boas instruções aos participantes colaborem com a boa qualidade da participação dos indivíduos.

Nesse sentido, existem propostas, como cita Nixon (2007), de eventos esportivos que atendem atletas com deficiência ou não conjuntamente, pois, segundo o autor, pessoas com deficiência podem participar de qualquer prática esportiva de que sejam capazes, mesmo que não haja nenhum tipo de adaptação.

Para Nixon (2007) seria possível a simples adaptação e acomodação de pessoas com deficiência no esporte convencional sem alterar sua dinâmica. Os tipos ideais de esporte (convencional e adaptado) não apresentam hierarquia entre si. O mais importante neles é a oportunidade de escolha e a ocorrência de justiça para os atletas. Por isso, o autor defende que tanto organizadores quanto a mídia, espectadores e até atletas não deveriam ser resistentes em relação à adaptação do esporte convencional (desde que não o desconfigure) para a participação de pessoas com deficiência.

No entanto, essa é uma questão complexa. Se, por um lado, a existência do esporte adaptado representa a adequação das práticas e da sociedade às pessoas com deficiência, incluindo-as como atletas, por outro, isso pode ser interpretado como uma forma de segregação. Os Jogos Paralímpicos, por exemplo, exclusivos para certo público, objetivam o esporte de alto rendimento e a busca por altos desempenhos competitivos, o que delimita possibilidades de participação aos atletas, de acordo com sua capacidade de realização esportiva, pois separa quem pode e quem não pode fazer parte de certo grupo.

Nesse sentido, é preciso reflexão e discussão, pois, da mesma forma que inclui, esse tipo de evento esportivo também pode estigmatizar. Embora os Jogos Olímpicos sejam abertos a qualquer pessoa, podendo até serem considerados mais democráticos, determinam que o atleta consiga se adequar às suas regras e exigências (movimento de integração). Nesse sentido, ele também pode ser excludente, como no caso de Oscar Pistorius, corredor sul-africano impedido de participar dos Jogos de 2008 por sua necessidade de uso de próteses nas duas pernas. Embora ele tivesse condições de desempenho atlético para alcançar o índice classificatório aos Jogos, sua inserção foi negada pelo Comitê Olímpico Internacional (IOC) pelo fato de as próteses poderem significar uma vantagem para ele em relação a outros atletas. Mesmo com uma liberação posterior do IOC, o corredor acabou não conseguindo um novo índice para sua participação (Howe, 2008b), mas tal índice foi alcançado por ele para participar dos JO de 2012, em Londres.

Para Nixon (2007), a inclusão de atletas terá seu ponto final somente quando eles forem aceitos, respeitados e estejam envolvidos em todos os níveis de competição e organização. Só que essa ideia não é consensual no ambiente esportivo, visto que o esporte adaptado ainda representa uma séria tentativa de inclusão de atletas.

O mais adequado nesse sentido é tirar o foco das formas de organização e voltá-lo ao atleta, ou seja, a preservação da possibilidade de escolha de onde e como ele irá competir é o caminho mais democrático e inclusivo, cabendo a ele optar pela disputa com pessoas com deficiência ou não.

Um resultado importante do esporte para o atleta com deficiência é a construção da percepção da identidade de atleta, em vez de pessoa com deficiência. É importante, em um processo de inclusão, ser visto como um nadador, corredor, no lugar de uma pessoa que necessita de cuidados e dependente da ação alheia (Brazuna e Castro, 2001).

Como forma de fortalecimento desse processo as ações de inclusão e integração podem ser interligadas por meio de leis, políticas, programas, gerados pelo poder público e consolidados pela comunidade, buscando promover a equidade de oportunidades e permitindo uma vivência plena de cidadania. Um início positivo é o dever do governo brasileiro a respeito do oferecimento de oportunidades esportivas às pessoas com deficiência. Na Carta Magna Brasileira, em vigor desde 1988, consta no artigo 217 que é dever do Estado fomentar práticas esportivas formais e não formais, como direito de todo cidadão. Logo, inclui-se nisso o esporte adaptado e seu processo de inclusão social (Pettengill, 2001).

O esporte para pessoas com deficiência cresceu no século XX, mas não de forma tranquila. Muitos dos avanços se deram apenas por força de leis federais e políticas públicas, obtendo reconhecimento cultural em um segundo momento (De Pauw e Gavron, 1995).

Uma das ações que interferem de forma positiva no crescimento da atividade motora adaptada e, por consequência, do esporte adaptado, é o resultado da Convenção sobre os Direitos das Pessoas com Deficiência, aprovado pela ONU, em 2006, que estabelece obrigações aos Estados que fazem parte dessa organização (Silva, 2009): realizar e promover a pesquisa e o desenvolvimento de produtos, serviços, equipamentos e instalações com "desenho universal" (a ser usado por todas as pessoas, sem exclusões); fazer promover a pesquisa e o desenvolvimento e aplicação de novas tecnologias voltadas à melhoria da vida dessas pessoas; promover informação acessível para pessoas com deficiência, a respeito de técnicas e tecnologias de locomoção; e promover a capacitação de profissionais de equipes que trabalham com pessoas com deficiência.

2.2 Esporte adaptado como forma de manifestação do esporte contemporâneo

Segundo Araújo (1998a, p.18), esporte adaptado é "a adaptação de um esporte já de conhecimento da população. Este conhecimento está relacionado às regras estabelecidas e à sua prática".

Winnick (1987) assim define o esporte adaptado: experiências esportivas modificadas ou especialmente designadas para suprir as necessidades especiais de indivíduos.

É importante destacar que o esporte adaptado abrange, como cita Araújo (1998a), a atividade transformada para atender a determinado público, bem como a prática criada para um grupo específico. Ou seja, tais definições se completam na conformação do objeto.

Um dos princípios do esporte adaptado é que as pessoas não podem ser prejudicadas por suas características. Outro princípio é a inclusão pela aceitação dessas pessoas como atletas (Nixon, 2007). Da mesma forma que Lovisolo (2002) e Marques (2007) apontam que o esporte contemporâneo é uma forma de atividade física e/ou motora (essa diferenciação pode fazer-se necessária por causa da diferenciação teórica entre os dois termos apontada por alguns autores), o esporte adaptado, por ser um subcampo deste espaço, tem íntima relação com a atividade física adaptada ou atividade motora adaptada.

Atividade física adaptada é a prática corporal que engloba o esporte, o lazer, a reabilitação, a saúde e o condicionamento físico de pessoas com limitações e/ou deficiências (Souza, 2006b). De modo bastante similar, à primeira vista, a atividade motora adaptada pode ser definida como a adequação na realização de uma tarefa não possível pelos meios convencionais (Araújo, 1998a). Essa prática está ligada a diferentes grupos de pessoas – gestantes, idosos, hemofílicos, diabéticos, hipertensos, pessoas com deficiência, entre outros (Silva, 2009).

Nesse sentido, com base em um referencial teórico ligado à teoria da motricidade humana, Rodrigues (2006a) diferencia atividade física de atividade motora destacando que a primeira remete à separação cartesiana do corpo como objeto perfeito, higienista e dissociado de outros aspectos humanos, ao passo que a segunda já se mostra mais complexa, como a expressão de um comportamento humano.

Castro (2006), por sua vez, afirma que o objetivo da atividade motora adaptada é integrar e aplicar fundamentos teórico-práticos de diferentes disciplinas na motricidade humana e suas áreas relacionadas à saúde e à educação em diferentes programas educacionais e de reabilitação. Porém, ao observar o esporte adaptado contemporâneo é possível ainda incluir as perspectivas de atividade motora adaptada ligada ao lazer e à competição.

Feitas tais considerações, o conceito prioritário ligado a este trabalho reside no ato de adaptar algo ou alguma prática. O que não significa apenas direcioná-la a um público de pessoas com deficiência. Mais do que isso, é a adequação da atividade aos praticantes, sua possibilidades, limitações, desejos e expectativas, com base em três variáveis – desempenho do executante, tarefa a desempenhar e contexto da atividade –, sendo as questões ambientais e culturais mais importantes que as características individuais, pois adaptar é um processo de interação entre fatores intraindividuais e intersubjetividades (Rodrigues, 2006a).

A adaptação envolve a modificação de objetivos, atividades e métodos a fim de suprir necessidades específicas e melhorar a capacidade de autorrealização do sujeito (Winnick, 2004a). Castro (2005) complementa a ideia a respeito das formas de adaptação apontando para a possibilidade de ajuste ou acomodação de contextos físicos (equipamentos, locais, materiais) e procedimentais (regras, organização, ações pedagógicas) de determinada atividade esportiva.

Nesse sentido, Costa (2001, p. 73) apresenta uma definição que aproxima o esporte adaptado de uma esfera ligada à atividade física de forma ampla, mas que, ainda assim, permanece na linha de compreensão dos autores citados anteriormente:

> Entende-se por atividade física e/ou esportiva adaptada toda e qualquer atividade que, levando-se em consideração as limitações físico-motoras, sensoriais e mentais impostas pelas respectivas deficiências, apresenta adaptações e/ou modificações nas regras, materiais ou no campo de jogo, proporcionando às pessoas portadoras de deficiência melhores condições para a sua efetiva participação nas diversas modalidades esportivas, recreativas e facilitando o desenvolvimento de todas as suas potencialidades residuais.

Semanticamente definido, o esporte adaptado se apresenta como um objeto que, embora direcionado e adequado a determinado público, tem uma forte característica de versatilidade em relação às suas práticas e objetivos. Além disso, essa prática esportiva não se coloca como um espaço exclusivo de pessoas em determinada posição ou situação. Embora a maioria de suas práticas seja direcionada a determinado público, é um ambiente democrático e aberto para receber pessoas em diferentes condições.

Tal versatilidade se exprime nas possibilidades de o esporte adaptado vir a ser realizado de forma integrada, em que indivíduos com deficiência ou não possam praticar e competir juntos ou segregados, no qual a prática se faz exclusiva de determinado grupo (Winnick, 2004a). Talvez o termo "segregados" não seja o mais adequado para definir a prática ligada ao direcionamento exclusivo a determinado público, porém será mantida nesse ponto do texto em conformidade com a citação do autor referenciado.

O termo "esporte adaptado" é bem específico da língua portuguesa, não sendo encontrado em alguns outros idiomas, como o

Deficiência como conteúdo sociocultural e a conformação do subcampo do esporte adaptado

inglês. Nessa língua, os mais encontrados são *"disability sport"* e *"sport for handicapped"* (esporte para deficientes ou esporte para pessoas com deficiência ou desvantagem), que acabam apresentando um caráter mais restrito, pois exprimem algo direcionado a adaptações e criações esportivas para pessoas com deficiência (De Pauw e Gavron, 1995). No decorrer deste trabalho serão adotadas algumas fontes de informação e referências em língua inglesa. No intuito de uniformizar a compreensão sobre os assuntos e considerando que o termo "esporte adaptado" da língua portuguesa é mais abrangente, será adotado o seguinte critério: quando houver menção a alguma informação ligada ao termo em inglês, este será traduzido ou adaptado para a língua portuguesa como "esporte adaptado", visto que compreende o esporte para pessoas com deficiência, além de outras formas de adaptação.

Portanto, neste trabalho, o termo esporte adaptado será relacionado à prática destinada a pessoas com deficiência. Para diminuir o risco de confusões de significado com outras possíveis formas de adaptação de uma prática (para idosos, por exemplo) é importante compreendê-lo como um ambiente heterogêneo, que permite sua apropriação de acordo com o intuito e o foco de cada abordagem.

Propor um termo mais específico como "esporte para pessoas com deficiência" pode ser uma solução semântica, ou, por outro lado, apresentar-se como aumento do problema visto a possibilidade de participação de pessoas não deficientes no esporte adaptado. Justifica-se, então, o uso do termo "esporte adaptado" nos limites adequados para esta pesquisa ligada à prática esportiva para pessoas com deficiência. Cabe também a consideração de que o esporte paralímpico se apresenta na sociedade contemporânea como uma das possibilidades de ação do esporte adaptado, ligado ao alto rendimento.

O ponto histórico de origem do esporte adaptado para pessoas com deficiência não é recente, data do século XIX com a prática de modalidades esportivas por pessoas com DA (Araújo, 1998a). Segundo Winnick (1987), por volta de 1870, na Ohio School of Deaf, nos Estados Unidos, iniciavam-se as primeiras participações de crianças DA no esporte com o oferecimento de beisebol. Tem-se também em 1885, na Escola Estadual de Illinois, o futebol americano. Na Europa, em Berlim, em 1888, já havia clubes esportivos para atletas com essa deficiência.

O esporte para pessoas com DF teve seu início em atos entre as duas Grandes Guerras. Antes destas, quase não havia oportunidades de competições organizadas (De Pauw e Gavron, 1995). Esse tipo de organização teve seu início com programas de reabilitação de lesados e mutilados da Primeira Guerra Mundial na Alemanha, em 1918 (Gorgatti e Gorgatti, 2005).

Já a primeira competição internacional para pessoas com deficiência ocorreu em Paris, em 1924, logo depois dos Jogos Olímpicos. Foram os "Jogos do Silêncio", destinados a pessoas com DA (Winnick, 2004a). Em 1932 foi fundada a primeira associação de esporte destinada a esse público, na Inglaterra. A Associação de Jogadores de Golfe, que englobava atletas amputados unilaterais, atuando com apenas um dos braços (Gorgatti e Gorgatti, 2005).

Até o século XIX, a reabilitação de pessoas com deficiência era pautada pela ginástica médica. O esporte tinha um caráter mais ligado à educação dessas pessoas. Segundo Castro (2005), é a partir da primeira metade do século XX que o esporte assume um caráter relativo à reabilitação. Porém, o esporte para DF só teve continuidade e crescimento em âmbito internacional, com mudança de foco exclusivo da reabilitação para uma nova esfera competitiva, depois das ações do médico neurologista alemão Ludwig Guttmann, a partir de 1944. Esse médico, de origem judaica, foi convidado pelo governo britânico a dirigir o hospital para lesados medulares de Stoke Mandeville, na cidade de Aylesbury, e, ali, iniciou um trabalho de uso do esporte como forma de reabilitação de veteranos de guerra com lesões medulares (Cidade e Freitas, 2002).

Ludwig Guttmann afirmava, nesse período, que a paraplegia era o objeto mais depressivo e negligenciado na medicina, contando com poucos bons especialistas (Gold e Gold, 2007). Nesse sentido, justifica-se seu intenso e importante interesse e trabalho com esse público.

Um dado interessante sobre esse tipo de intervenção, nessa época, é que o índice de sobrevivência de pessoas com lesão medular na década de 1940 era de 1 para 10, e passou de 9 para 10 em 1950 (Sainsbury, 2004). Por isso, durante a Segunda Guerra Mundial, a reabilitação era considerada um fator essencial pelos governos envolvidos na batalha, diante da necessidade de prestar contas à sociedade para minimizar as consequência dos combates (Florence, 2009).

Embora Guttmann não tenha sido pioneiro na oferta de atividade esportiva para DF, foi inovador e muito competente no modo como sistematizou tais práticas e organizou programas para a realização destas, internacionalizando-as. O esporte em Stoke Mandeville transcendia o lazer e a reabilitação física, era uma forma de reinserção social por meio de estímulos físicos que complementavam o tratamento (Gold e Gold, 2007).

O primeiro programa de esporte em cadeira de rodas teve início no Hospital de Stoke Mandeville, em 1945 (Araújo, 1998a). Esse foi o ponto inicial da estrutura sistematizada dos Jogos Paralímpicos, que começaram com finalidade recreativa e de reabilitação, mas assumiram um caráter extremamente competitivo na atualidade (Bailey, 2008).

Os primeiros Jogos de Stoke Mandeville ocorreram em 1948 (simultaneamente aos Jogos Olímpicos) e contaram com dezesseis participantes em cadeira de rodas, incluindo três mulheres na modalidade de arco e flecha e envolvendo duas equipes, uma de Stoke Mandeville e outra do hospital Star Gater Home for Disable, de Londres. A primeira participação de sul-americanos nesses Jogos ocorreu em 1957 (De Pauw e Gavron, 1995).

O fato de os Jogos terem sido realizados simultaneamente aos Jogos Olímpicos demonstra as intenções de Guttmann a respeito do crescimento e do ganho de importância que ele buscaria para o esporte adaptado. Para ele, a deficiência não impedia o atleta de alcançar o mais alto nível de realização (Carvalho, 2006).

O primeiro regulamento formalizado dos Jogos de Stoke Mandeville data de 1949, ano em que Guttmann anunciou sua intenção de transformá-lo nos Jogos Olímpicos para pessoas com deficiência (Cidade e Freitas, 2002).

Simultaneamente à organização do esporte para pessoas com deficiência em Stoke Mandeville, que se caracterizava pela organização dos médicos diante do movimento esportivo, surgiram nos Estados Unidos grupos ligados à prática esportiva para DF que apresentavam uma gerência coordenada pelos próprios atletas. Um exemplo disso foi a fundação, por iniciativa de Benjamin Lipton, em 1946, da Paralysed Veterans of America (PVA), entidade organizadora do esporte adaptado para pessoas desse grupo, em modalidades como basquete em cadeira de rodas e atletismo (Gorgatti e Gorgatti, 2005).

Outra evidência de organização esportiva nos Estados Unidos, nesse mesmo sentido, foi a fundação do time de basquete em cadeira de rodas "The Flying Wheels", em Van Nuys, Califórnia, que fazia apresentações com o objetivo de despertar o interesse do público para os problemas causados pela deficiência e estimular a adesão de novos praticantes (Cidade e Freitas, 2002).

Lipton e Timothy Nuggent, professor da Universidade de Illinois, associaram-se, na década de 1940, para treinar equipes de basquetebol em cadeira de rodas.

Ainda nos Estados Unidos, em 1949, ocorreu a organização, por parte de Nuggent, do I Campeonato Nacional de Basquetebol em Cadeira de Rodas, com quinze equipes, além da fundação da National Wheelchair Basketball Association (NWBA). Em 1950, foi fundada a National Wheelchair Athletic Association (NWAA) (Gorgatti e Gorgatti, 2005). Foi Nuggent quem, durante a década de 1950, iria subsidiar pedagogicamente as ações do doutor Guttmann na Inglaterra (Winnick, 1987).

Em 1952, ocorreram os primeiros Jogos Internacionais de Stoke Mandeville, na Inglaterra, sendo criada também naquela oportunidade a Federação Internacional dos Jogos de Stoke Mandeville (ISMGF) (Penafort, 2001). Aos poucos, os Jogos passaram a contar não somente com atletas pacientes de hospitais, mas também com ex-pacientes e não pacientes (Gold e Gold, 2007).

Em 1955, os Jogos de Stoke Mandeville tiveram sua primeira grande evolução organizacional quando a Federação de Veteranos de Guerra da Inglaterra começou a financiá-los, além de transformar os Jogos em uma fundação presidida por um membro do Comitê Olímpico Internacional (IOC), *Sir* Arthur Porrit, facilitando o acesso a recursos financeiros para sua realização (Cidade e Freitas, 2002).

No fim da década de 1950 os Jogos de Stoke Mandeville cresceram em tamanho (número de participantes e países envolvidos) e em importância, visto o prêmio Fearnley Cup, recebido por Ludwig Guttmann durante os Jogos Olímpicos de Melbourne, em 1956, pelo IOC, o que representou o reconhecimento dessa entidade ao Jogos Internacionais de Stoke Mandeville (Cidade e Freitas, 2002; Florence, 2009).

Ludwig Guttmann está para o esporte adaptado paralímpico como Barão de Coubertin para o esporte olímpico. O médico alemão foi motivado pelos ideais olímpicos e pela busca por excelência na inclusão e nas realizações humanas (Carvalho, 2006). Porém, eles se diferenciam em relação a alguns valores, como o amadorismo segregacionista pregado por Coubertin e a ideia de inclusão de indivíduos na sociedade de Guttmann.

Finalmente, em 1959, foi criado o Comitê dos Jogos de Stoke Mandeville, em virtude do grande número de participantes. Esse órgão contava com cinco nações: Inglaterra, Itália, Bélgica, França e Holanda (Cidade e Freitas, 2002).

Em 1960 ocorreram dois fatos importantes nos Estados Unidos e na Europa. No primeiro, a Paralysed Veterans Association (PVA) organizou o Grupo Internacional de Trabalho para o Esporte Adaptado, responsável por facilitar o esporte para pessoas com deficiência no país. No "Velho Continente" foram organizadas as I Olimpíadas para pessoas com deficiência, em Roma (Gorgatti e Gorgatti, 2005).

Incentivado pelo doutor Antonio Maglio, diretor do Centro de Lesionados Medulares de Ostia, Itália, o Comitê dos Jogos de Stoke Mandeville organizou, em 1960, em Roma, os futuros Jogos Paralímpicos, usando os mesmos espaços esportivos e o mesmo formato das Olimpíadas (Conde, Souza Sobrinho e Senatore, 2006). Foram disputadas, na oportunidade, oito modalidades: *snooker*, arremesso de peso, lançamento de dardo, basquete em cadeira de rodas, natação, tênis de mesa, arco e flecha e pentatlo (Florence, 2009). Porém, sendo objeto principal desta pesquisa, os Jogos Paralímpicos serão tratados com maior especificidade e atenção mais adiante.

Embora com início paralelo, as correntes norte-americana e inglesa de esporte para pessoas com deficiência apresentavam objetivos comuns e acabaram se interligando no processo histórico. Ambas têm origem na lógica terapêutica, estendendo-se à incorporação da prática competitiva na busca pelo alto desempenho e integração do atleta à sociedade (Costa e Souza, 2004).

As décadas de 1960 e 1970 representaram um marco nesse período de sistematização, crescimento e sedimentação dos Jogos Paralímpicos e do surgimento de outras formas de manifestação do esporte para pessoas com deficiência, como as Olimpíadas Especiais. Por causa de um critério de organização do texto, esses eventos serão tratados mais detalhadamente adiante, pois esse período traduz uma fase em que instituições organizativas e nichos de convivência esportiva foram criados e estabelecidos mais fortemente.

Por isso, objetivando uma análise criteriosa sobre tais objetos, faz-se interessante expor, em separado, algumas das principais manifestações durante o período e que perduram até hoje. Podem-se listar algumas dessas manifestações: Jogos Paralímpicos; Olimpíadas Especiais; Jogos Mundiais para Surdos; modalidades esportivas adaptadas, com organização de confederações mundiais, mas que não fazem parte desses grupos mencionados.

Cabe ainda apontar, seguindo uma perspectiva histórica, acontecimentos e ações que envolveram o esporte adaptado para pessoas com deficiência de uma maneira mais ampla e generalista, exercendo influência sobre todas as suas formas de manifestação.

Em 1975, a Assembleia Geral da ONU, por meio da Resolução nº 3447, como parte da Declaração dos Direitos das Pessoas com Deficiência, instituiu que, independentemente da origem, da natureza e da seriedade dos *deficit* e das deficiências, essas pessoas têm direitos fundamentais como cidadãos e acesso a uma vida decente e completa (De Pauw e Gavron, 1995). E nisso se inclui o direito à prática esportiva.

Deficiência como conteúdo sociocultural e a conformação do subcampo do esporte adaptado

A Resolução nº 31/123 da ONU, de 1976, estabeleceu que 1981 seria o Ano Internacional para as Pessoas Deficientes, e que os países-membros dessa entidade deveriam fixar planos e metas voltados para as necessidades das pessoas com deficiência em todas as suas áreas de atuação. Entre 1976 e 1981, houve certa mobilização nos países-membros para envolver segmentos públicos e privados em um esforço conjunto de estabelecer um processo de conscientização e envolvimento em níveis internacional, nacional, regional e local (Araújo, 1998a). Como consequência desse ato, em 1981, houve resoluções com prioridades políticas criadas em todo o mundo, que influenciaram muitos campos da sociedade, inclusive o esporte.

Ao considerar o esporte adaptado um subcampo do esporte contemporâneo, é importante investigar a ocorrência de algumas características presentes no primeiro que fazem parte da conformação do segundo. O esporte contemporâneo configura-se por duas grandes características: suas formas de manifestação heterogêneas e a comercialização do produto "esporte" (Marques, 2007). Ao buscar tais requisitos no esporte adaptado, pode-se afirmar que este, de fato, faz parte do espaço social da prática contemporânea, visto que se apresenta em três ambientes de prática, segundo Paciorek (2004), alto rendimento, escolar e de lazer, e ainda é possível perceber tendências comerciais no esporte paralímpico, a ser tratado mais adiante.

A similaridade entre os ambientes citados por Paciorek (2004) e os embutidos no "Modelo de concepção das formas de manifestação do esporte" de Marques (2007) não se colocam como coincidência, mas, sim, como confirmação da abrangência e da heterogeneidade do esporte contemporâneo e, em consequência, do esporte adaptado.

É possível perceber a ocorrência dessa forma de esporte na escola, vinculada a um plano pedagógico oficial (Araújo, 1998a), no alto rendimento, baseado em um sentido oficial, e no lazer, em espaços de reabilitação, iniciação esportiva e competições não profissionais, podendo ser encontrados tanto o sentido ressignificado quanto o sentido oficial do esporte.

Outra aproximação e confirmação da existência de um subcampo do esporte adaptado vinculado ao campo do esporte contemporâneo é o fato de haver maior divulgação de ações ligadas ao esporte adaptado de alto rendimento no Brasil, em detrimento de ações ligadas ao lazer ou ao esporte escolar. Isso acaba por fortalecer a imagem hegemônica do esporte em um sentido oficial, influenciando a prática em outras esferas. Além disso, há a valorização de grandes feitos de atletas brasileiros, principalmente os paralímpicos, o que acaba transmitindo a ideia de que a formação de base, iniciação, ou ambiente não profissional do esporte adaptado esteja bem fundamentada. Porém, segundo Penafort (2001), não está. A autora afirma que é preciso incentivo e criação de mais oportunidades de prática nos três ambientes de manifestação do esporte no Brasil, visto que o alto rendimento é restrito a poucos atletas.

Tal quadro em muito se assemelha ao esporte para não deficientes no Brasil, provando certa similaridade e herança social próprias de um mesmo campo social, o esportivo. O atleta que pratica esporte na escola, seja com deficiência ou não, está sujeito às implicações desse ambiente de educação formal. Isso vale também para o lazer e o alto rendimento.

A participação de atletas com deficiência em competições de nível internacional requer a mesma dedicação dos não deficientes, além das mesmas atitudes, ligadas à disciplina, ao sacrifício, à habilidade, à determinação, à vontade de vencer (Castro, 2005), ao desejo de alcançar a excelência, ao desempenho próximo aos padrões de limite pessoal (Sherril, 1999) e até ao profissionalismo.

Para De Pauw e Gavron (1995), desempenhos de atletas de elite com deficiência têm estado muito próximos de atletas de elite não deficientes. Há atletas com deficiência que vêm competindo, inclusive, em ambientes do esporte para não deficientes, sendo este, para as autoras, um caminho inevitável. Para elas, a união, em competições únicas, entre atletas com deficiência ou não é um caminho previsto.

Porém, mesmo estando cada vez mais sedimentado e estruturado na sociedade contemporânea, o esporte adaptado para pessoas com deficiência ainda apresenta algumas controvérsias ligadas a seu espaço social próprio e que geram conflitos entre os atores que se envolvem nas disputas por poder e participação nesse subcampo do esporte.

Exemplos dessas disputas se dão em relação ao papel do esporte adaptado ser, primeiro, o de criar oportunidades de participação ou de corroboração e afirmação do esporte competitivo. Outro exemplo é a discussão entre o que seria mais benéfico para esse público, competições integradoras ou separadas. Um terceiro seria a busca de uma melhor forma de classificar os atletas em grupos de disputa (De Pauw e Gavron, 1995) e um quarto, ligado à necessidade da presença de pessoas com deficiência na administração e na organização de entidades esportivas.

3

As formas de manifestação do esporte adaptado na sociedade contemporânea

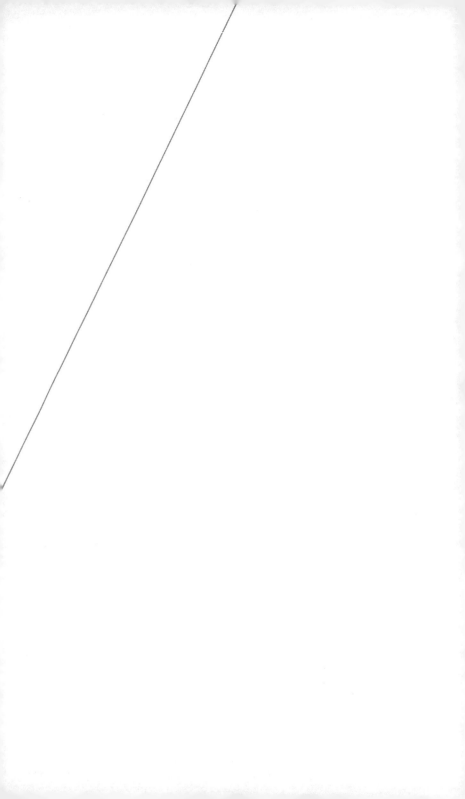

O esporte adaptado teve sua gênese pautada em um cenário social próprio do século XX, ligado, especificamente, a uma herança própria do esporte moderno. Passou pela mesma transição temporal enfrentada pelo esporte convencional, sobrevivendo como conteúdo cultural das sociedades da segunda metade do século XX e início do XXI.

Diferentemente do esporte convencional, a conformação adaptada apresenta-se na sociedade com alguns braços bem definidos e campos de atuação, de certa forma, independentes. Tal diferenciação se baseia nos agrupamentos sociais pautados por similaridades de deficiência e nascimento de entidades organizativas do esporte com finalidades específicas e campos de atuação próprios.

Nesse sentido, este capítulo objetiva apresentar e mapear as áreas de atuação presentes no subcampo do esporte adaptado, com a finalidade de nortear e facilitar a delimitação metodológica em relação a intervenções específicas nesse espaço.

Bourdieu (2004) aponta que o campo é relativamente autônomo, um microcosmo dotado de leis próprias, diferentes do macrocosmo (leis gerais da sociedade), mas que jamais escapam de imposições do espaço social. Podendo-se aplicar isso a um subcampo, tem-se que, embora este obtenha suas próprias particularidades, que direcionam seu funcionamento e existência, ainda assim sofre influência do espaço social externo e suas diretrizes sociais. Logo, para analisar e intervir sobre o esporte paralímpico, apenas uma entre muitas das formas de manifestação do esporte adaptado, faz-se necessário analisar, além da conformação social da qual se origina e dá suporte a este subcampo, as relações entre as diferentes formas de apresentação esportiva neste, sua posição e formas de interação e atuação.

Para tal, em um primeiro momento, serão descritos os diferentes ambientes e espaços de atuação próprios do esporte adaptado, classificados pela associação entre formas de deficiência e a estruturação de entidades organizadoras desse tipo de fenômeno esportivo.

Em seguida, com base nos objetivos principais deste trabalho, será dado maior enfoque ao esporte paralímpico e suas manifestações em âmbito internacional e no Brasil.

3.1 Formas e espaços de expressão e atuação do esporte adaptado

O esporte adaptado organiza-se, no século XXI, pautado principalmente em dois critérios. O primeiro está ligado ao tipo de deficiência, prevalecendo três formas de estruturas de organização: esporte para pessoas com deficiência auditiva (DA); esporte paralímpico (englobando pessoas com deficiência física – DF, visual – DV e intelectual – DI); e as Olimpíadas Especiais (DI). O segundo está relacionado ao sentido da prática, na qual se destaca, em um sentido oficial, o esporte paralímpico e os campeonatos destinados aos DA, e em um sentido mais ressignificado, as Olimpíadas Especiais.

As formas de manifestação do esporte adaptado na sociedade contemporânea **121**

Independentemente da modalidade esportiva e do tipo de deficiência envolvido, o esporte se mostra, em relação a todas essas vertentes, adequado ao "Modelo de concepção das formas de manifestação do esporte" apresentado no primeiro capítulo, podendo tomar sentidos diversos de acordo com as intenções, as expectativas, as possibilidades e os gostos dos praticantes, expressando-se tanto em uma forma *oficial* quanto *ressignificada*.

Com o intuito de sistematizar a análise sobre tais formas de organização, inicia-se neste ponto uma apresentação pautada em três das principais entidades organizadoras do esporte adaptado no mundo. Primeiro, serão expostos dados a respeito da organização de esportes para DA, posteriormente, sobre as Olimpíadas Especiais e, em um terceiro momento, sobre os Jogos Paralímpicos (JP).

Tal forma de apresentação privilegia o objeto central deste trabalho, os JP. Por isso, são apresentadas primeiro as entidades que não participam desse evento e que têm suas formas e processos de organização independentes em relação ao Comitê Paralímpico Internacional (IPC).

A apresentação de órgãos não pertencentes ao universo paralímpico justifica-se pelo fato de serem expressões importantes do esporte adaptado e componentes fundamentais na conformação desse subcampo. Sua utilidade metodológica se dá pela necessidade de uma compreensão profunda sobre esse espaço social, para que intervenções e análises sociológicas sobre o esporte paralímpico (que se caracteriza como uma das formas de expressão do esporte adaptado) possam ser feitas com base nos princípios de Pierre Bourdieu ligados à autonomia relativa dos campos e também à importância do posicionamento social dos sujeitos e objetos envolvidos nesses espaços.

3.1.1 O CISS e a organização do esporte para pessoas com deficiência auditiva no mundo

O esporte destinado a pessoas com DA data do século XIX e se apresenta como a primeira forma sistematizada de oferecimento de práticas esportivas para um público com uma deficiência específica (Araújo, 1998a).

Entre 1888 e 1924, surgiram seis federações nacionais de esportes para DA: na Bélgica, na Tchecoslováquia, na França, na Grã-Bretanha, na Holanda e na Polônia. Essas entidades mais atletas da Hungria, da Itália e da Romênia participaram dos primeiros Jogos Internacionais do Silêncio, em 1924, em Paris, França (De Pauw e Gavron, 1995), sendo esses Jogos uma indicação importante da possibilidade de realização de eventos esportivos para pessoas com deficiência.

O esporte para pessoas com DA é organizado internacionalmente pelo Comité International des Sports des Sourds (Comitê Internacional de Esportes para Surdos, CISS), fundado em 1922, com sede em Copenhagem, Dinamarca, e não participa dos Jogos Paralímpicos. O CISS foi reconhecido pelo IOC como uma federação internacional com padrões olímpicos em 1955, mas isso não o fez membro desse órgão. De Pauw e Gavron (1995) alegam que há um acordo entre CISS e IOC que garante ao primeiro a autonomia em relação ao esporte para DA. O estatuto do CISS foi

As formas de manifestação do esporte adaptado na sociedade contemporânea **123**

criado apenas em 1926, em Bruxelas, na Bélgica (CISS, 2009). Embora tenha participado do movimento paralímpico até 1995 (Gold e Gold, 2007), o CISS não é membro do IPC atualmente, tendo sua organização e atuação completamente independentes.

A competição esportiva mais importante para os atletas com DA são os Jogos Mundiais para Surdos (WGD – World Games for the Deaf), antigos Jogos Mundiais do Silêncio, que ocorrem de dois em dois anos, alternando-se entre Jogos de Verão e Jogos de Inverno, sempre em anos seguintes aos Jogos Olímpicos. Há modalidades de verão – atletismo, *badminton*, basquete, boliche, ciclismo, futebol, judô, caratê, luta livre e greco-romana, *mountain bike*, natação, corrida de orientação, *tae kwon do*, tênis de mesa, tênis de campo, tiro, voleibol de quadra e de praia – além de modalidades de inverno – *curling*, esqui alpino e *cross country*, hóquei no gelo e *snowboard* (CISS, 2009).

Os Jogos Mundiais para Surdos foram reconhecidos pelo IOC e adotaram o nome de *Deaflympics* em 2001 (Gold e Gold, 2007). Nesse cenário, os *Deaflympics* representam uma celebração e uma oportunidade de troca de informações culturais da comunidade dos DA (De Pauw e Gavron, 1995).

Os *Deaflympics* seguem um sentido oficial do esporte, ou seja, são pautados em critérios similares aos Jogos Olímpicos e competições ligadas à comparação direta de desempenhos e à busca e destaque ao vencedor.

Para participar de competições internacionais para DA, o atleta deve apresentar *déficit* auditivo de, pelo menos, 55 decibéis

(Gorgatti e Gorgatti, 2005). Não há classificação e separação de atletas por nível de audição (De Pauw e Gavron, 1995).

Entre 1988 e 1993, houve tentativas fracassadas de incorporação dos Jogos Mundiais para Surdos aos Jogos Paralímpicos. Dentre os motivos para tal insucesso pode-se citar o excessivo número de atletas que surgiria nessa junção, a necessidade de altos investimentos para a presença de um grande número de tradutores, além de outras questões políticas. Porém, o reconhecimento e o apoio do IOC ainda são mantidos (CISS, 2009).

Outra justificativa para a não participação de atletas com DA nos Jogos Paralímpicos é o fato de que sua prática requer adaptações mínimas que não justificariam a entrada desses atletas em eventos paralelos. De fato, é comum a participação de atletas com DA em competições esportivas convencionais ao lado de atletas não deficientes, inclusive em âmbito internacional (Gorgatti e Gorgatti, 2005).

O esporte para DA se apresenta como uma esfera mais ampla que o esporte convencional, representando uma comunidade específica para esses atletas. Segundo Craft e Lieberman (2004), o esporte para DA é uma forma de compreensão da cultura desses indivíduos e de seus padrões sociais de comportamento, ressaltando a honra de ser DA. Isso acaba fortalecendo certo sentimento de autonomia, mas dificultando também a junção do *Deaflympics* aos Jogos Paralímpicos e o CISS a outros órgãos.

O CISS adota, em suas competições, regras praticamente idênticas às de outros eventos do esporte convencional para pessoas não deficientes. As alterações que se incorporam são as de

As formas de manifestação do esporte adaptado na sociedade contemporânea

comunicação, na qual são usados, além de sinais sonoros, sinais visuais, como bandeiras (Craft e Lieberman, 2004).

No Brasil, a Confederação Brasileira de Desportos para Surdos (CBDS), órgão responsável pela organização esportiva para o público DA, é filiada ao CISS e foi fundada em 1984, tendo realizado sua primeira Olimpíada Brasileira de Surdos em 2002 (CBDS, 2009).

3.1.2 As Olimpíadas Especiais e o esporte em um sentido ressignificado

As Olimpíadas Especiais caracterizam-se não apenas como uma competição esportiva destinada a pessoas com DI, mas também como movimento e instituição voltados ao desenvolvimento humano desses atletas, priorizando, na maioria das vezes, esse sentido, ao invés da própria competição em si.

O esporte adaptado para pessoas com DI é administrado internacionalmente por duas instituições com objetivos parecidos, porém com formas de atuação diferentes: a Special Olympics Inc. – Organização das Olimpíadas Especiais (SOI), com objetivos ligados ao esporte em um sentido ressignificado, e a Federação Internacional de Esporte para atletas com DI (INAS), com objetivos ligados ao esporte em um sentido oficial). Neste momento do trabalho, será enfocada a atuação da SOI, seguindo o critério de apresentar primeiro as entidades não participantes dos JP, visto que a INAS encontra-se em uma situação de membro e participante dos eventos do IPC (com fins organizacionais do texto, a INAS será tratada em um momento posterior, com outras federações componentes do IPC).

Embora haja uma diferença na filosofia das duas entidades, ambas não são adversárias, ao contrário, complementam-se, visto que há atletas que participam de eventos promovidos por ambas (INAS-FID, 2009).

As Olimpíadas Especiais – Special Olympic Inc (SOI) – surgiram em 1968, nos Estados Unidos, como uma organização de caridade sem fins lucrativos, criada por iniciativa da família Kennedy, mais especificamente, por Eunice Kennedy Shiver e pela Fundação Joseph Kennedy Jr., em um acampamento para pessoas com DI. O IOC autorizou a SOI a adotar o termo "Olimpíadas" em seu nome desde 1988 (Gorgatti e Gorgatti, 2005).

O objetivo principal da SOI é a inclusão das pessoas com DI na sociedade por meio de programas de capacitação e de sua inserção em atividades unificadas, preparando o grupo social para percebê-las como indivíduos realizadores e produtivos, por meio da prática esportiva e outras atividades culturais oferecidas, assim como atuar de forma efetiva em sua sociedade.

Trata-se de um programa internacional de treinamento e competição esportiva em modalidades olímpicas durante todo o ano, vinculado a processos de educação voltados ao público com DI. Segundo Leitão (2002), está presente em 52 estados norte-americanos e em mais de 161 países. É aberto a pessoas com DI, com idade a partir de 8 anos, em modalidades individuais (crianças com 7 anos ou menos só podem participar dos treinamentos), e com 15 anos em modalidades coletivas, desde que diagnosticadas por profissional de saúde competente. Seu funcionamento é baseado na ação conjunta de atletas, seus familiares e voluntários.

As Olimpíadas Especiais compreendem desde a participação esportiva desses atletas até programas voltados a seu desenvolvimento pessoal na comunidade e nas escolas. Em todos os projetos da SOI é oferecida aos atletas envolvidos a possibilidade de ganhar prêmios e certificados esportivos das equipes e torneios, usar uniformes e transporte iguais ao das equipes convencionais, participar de cerimônias de premiação internas (serem reconhecidos como atletas nas escolas ou nos clubes) e representar suas entidades nas competições das Olimpíadas Especiais em que estiverem classificados (Krebs, 2004). A SOI recebe ainda atletas com DF, desde que tenham a DI como característica principal (Castro, 2005).

A SOI é sediada em Washington, DC. Suas políticas e procedimentos são delimitados por um grupo de diretores que inclui empresários, políticos, atletas profissionais, educadores e especialistas internacionais em DI. É filiada ao Comitê Olímpico Norte-americano (USOC) – o que confere certo vínculo ao IOC, mas é um órgão internacional e autônomo, não filiado diretamente a nenhuma outra entidade de organização esportiva internacional para atletas com deficiência (De Pauw e Gavron, 1995).

Os Jogos Internacionais da SOI ocorrem de dois em dois anos, intercalados entre Jogos de Verão e Inverno. Participam desses e de outros eventos da SOI indivíduos com DI e síndromes ligadas a esse grupo (Gorgatti e Gorgatti, 2005). Para ser elegível ao programa, o atleta deve se classificar nas fases local, setorial, regional e nacional. Para começar a competir precisa ter, pelo menos, oito semanas de treinamento (Leitão, 2002).

Na passagem de uma fase a outra, cada atleta vencedor de um grupo de classificação por habilidade concorre a um sorteio que define quem vai à outra etapa. Esse sistema é questionado, pois muitos não entendem por que não podem ir para uma nova fase se venceram suas disputas (Leitão, 2002).

Associado à disputa dos Jogos do Nível Mundial há um programa de recepção dos atletas que inclui desde treinamentos até passeios turísticos pelas cidades-sede (Leitão, 2002).

Os primeiros Jogos Internacionais da SOI de Verão ocorreram em 1968, em Chicago, nos Estados Unidos. Já os de Inverno surgiram apenas em 1977, no Colorado, no mesmo país. O número de participantes de cada país é definido por cotas pela SOI, com base no desenvolvimento de cada programa nacional (Leitão, 2002).

Embora tenha maior influência e número de eventos nos Estados Unidos, algumas edições de Jogos da SOI também ocorreram e ocorrem em outros países, como a Bélgica, em 1981, e a Irlanda, em 1985 (De Pauw e Gavron, 1995). Esses Jogos adotam regulamentos olímpicos para suas modalidades, desde que não neguem condutas próprias da SOI (Krebs, 2004).

O objetivo maior desses Jogos é preparar os atletas para a vida, usando o esporte como meio durante todo o ano, de forma permanente e não pontual. Tais eventos têm como premissa o fato de que atletas com DI têm o mesmo potencial de desenvolvimento atlético daqueles sem esse tipo de deficiência. Por isso, a manifestação esportiva ligada a uma tentativa de vincular a um sentido ressignificado, pois não exclui a competição, transforma o esporte em algo mais agregador e inclusivo, privilegiando e valorizando não só o vencedor, como também todos os integrantes, pelo processo de treinamento e participação. Nisso reside, talvez, a grande diferença entre os Jogos Paralímpicos (ligados a um sentido oficial do esporte) e as Olimpíadas Especiais.

Seria ingenuidade negar a importância do treinamento visando à melhora de desempenho, principalmente pelo fato de existirem etapas e cotas de participação nas competições (Leitão, 2002). Por isso, é possível afirmar que a ressignificação do esporte, nesse caso, é ainda um processo em desenvolvimento, mas que se diferencia de uma forma totalmente oficial.

Nas competições da SOI não se tocam hinos nacionais, nem se hasteiam bandeiras e não há uma contagem do número de medalhas por país. São o esforço e as conquistas individuais que contam. O juramento das Olimpíadas Especiais deixa isso claro: *"Let me win. But if I cannot win, let me be brave in the attempt"* (Deixe-me vencer. Mas se eu não puder vencer, deixe-me ser bravo na tentativa) (Leitão, 2002).

Outra evidência que expressa o processo de ressignificação do esporte se revela nos dados de Harada e Siperstein (2009), segundo os quais a maioria dos atletas norte-americanos das Olimpíadas Especiais, em nível nacional, faz parte de seus programas em busca de prazer e diversão. Esses autores demonstram que 54% deles buscam a diversão, 21% visam a fazer amizades, 13% buscam realização e empreendimento pessoal, 12% estão nas atividades por influência de outras pessoas e 10% apontam outros motivos.

Os critérios de premiação também respeitam um sentido ressignificado do esporte, no qual os três primeiros colocados de cada disputa ganham medalhas, e os outros participantes recebem fitas simbolizando um prêmio de participação (Gorgatti e Gorgatti, 2005). Tem-se também, como expressão desse sentido do esporte, a seleção de atletas para os jogos da SOI, que não se baseia apenas nos desempenhos atléticos, mas também em outros critérios.

Os atletas escolhem as modalidades em que vão participar, mas sempre em seu nível de habilidade. Para que as disputas sejam niveladas e haja justiça nas participações, há uma classificação para a participação dos atletas nesses eventos. O processo ocorre com base no nível de habilidade, idade e sexo dos participantes e não em relação ao seu grau de deficiência. Nesse sistema, a diferença de índices de resultados entre o primeiro colocado e o último não pode ser maior que 15% (Gorgatti e Gorgatti, 2005). Esse processo de classificação ocorre com base em desempenhos anteriores ou baterias preliminares, procurando acomodar os atletas de forma que todos tenham chance de vitória (De Pauw e Gavron, 1995).

Os grupos divididos não são denominados por números ou letras, expressando níveis. São usados nomes de frutas e cores, entre outros, não os hierarquizando (Leitão, 2002). Isso explicita um dos objetivos e princípios da SOI, de destacar as possibilidades de ação das pessoas com DI sem apontar suas limitações e dificuldades.

Embora haja propostas para a profissionalização de alguns membros da SOI, a organização dos Jogos Mundiais conta com muitos voluntários, inclusive pessoas com DI que trabalham como organizadores de eventos e técnicos. A SOI não prioriza nem exige que elas tenham formação ligada à atividade física ou à DI. Mundialmente, é grande o número de familiares e/ou voluntários sem formação específica envolvidos com a organização e o treinamento de atletas. Apenas em núcleos como o do Brasil, da França e da Rússia, países em que a lei exige profissionais formados em Educação Física para atuarem nessa área, as pessoas com DI são maioria ou a totalidade (Leitão, 2002). Para organizar os processos de treinamento e orientar os voluntários-treinadores, existe o *Special Olympics Skills Program Guides* (Krebs, 2004).

Nessas competições, não é cobrada nenhuma taxa de participação dos atletas, muito menos ingressos. A SOI sobrevive de fundos de doação para sua Fundação e do trabalho de seus cerca de 500 mil voluntários (Leitão, 2002).

A SOI mantém programas nacionais pelo mundo. Cada um deles tem autonomia para seus treinamentos e competições, mas segue diretrizes políticas e organizacionais específicas e padronizadas pelo órgão mundial (Leitão, 2002).

No Brasil, há programas de atividade física voltados ao público com DI. Como exemplo tem-se as Olimpíadas Especiais e as APAEs. O movimento das Olimpíadas Especiais no país surgiu em 1990, congregando doze estados e o Distrito Federal, sendo filiado à SOI (Gorgatti e Gorgatti, 2005) e com um programa de características próprias desvinculado da Federação Nacional das APAEs (Fenapaes) (Cidade e Freitas, 2002).

A Associação Olimpíadas Especiais Brasil gerencia o programa implantando coordenadorias estaduais que desenvolvem núcleos de treinamento autônomos em relação ao treinamento e à geração de recursos financeiros em seus estados, desde que de acordo com o calendário nacional. A maioria dos núcleos brasileiros encontra-se em entidades de educação especializada e todos os treinadores devem ser formados em Educação Física (Leitão, 2002).

3.1.3 O Comitê Paralímpico Internacional e os Jogos Paralímpicos

Conforme já apontado no capítulo anterior, os Jogos Paralímpicos (JP) são fruto do trabalho do doutor Ludwig Guttmann e dos envolvidos com os Jogos Internacionais de Stoke Mandeville que, a partir de 1960, em sua 9º edição, em Roma, ocorreu na mesma sede dos Jogos Olímpicos e passou a receber um tratamento diferente que deu origem aos Jogos Paralímpicos (JP). Dessa forma, segundo Paciorek (2004), os Jogos que começaram como forma de terapia e reinserção de indivíduos na sociedade, tornam-se o evento esportivo mais importante para as pessoas com deficiência, cujo objetivo maior é a busca pela excelência atlética e exposição das capacidades de realização desses atletas.

Araújo (1998a) define o esporte paralímpico atualmente como as modalidades esportivas praticadas por pessoas com deficiência, reconhecidas pelo Comitê Paralímpico Internacional e apresentadas em eventos de sua promoção e gerenciamento.

Segundo Sherril (1999), o esporte paralímpico refere-se a três critérios: desejo de alcançar a excelência; desempenhos com padrões próximos ao limite pessoal; e igualdade no nível de competição ou próximo do mais alto nível de excelência para um evento particular, com uma classificação esportiva específica.

Isso se confirma, segundo Krebs (2004), em comparação às Olimpíadas Especiais. A autora diz que, enquanto a SOI oferece competição, treinamento e premiação a todos os participantes, independentemente de sua capacidade, os JP atendem apenas a atletas de elite, capazes de atender requisitos mínimos para sua inserção no esporte. Ou seja, é um evento aberto a esportistas com índice de realização atlética que credencie sua participação. Além disso, os JP premiam apenas os três primeiros colocados em cada prova. Isso os caracteriza como uma manifestação esportiva de sentido estritamente oficial, ou seja, pautado na comparação de desempenhos e na busca pelo campeão e excelência atlética em um ambiente de alto rendimento.

Outros fatores que agregam um sentido ligado ao alto rendimento dos JP são a comercialização, as pesquisas em melhora de desempenho, novas tecnologias e redução de lesões, além da presença do *doping* (Howe, 2004).

Enquanto as competições internacionais tendem a atrair grande parte da atenção da mídia, semelhante ao esporte convencional, pouquíssimos atletas com deficiência estão em condições atléticas de participar de competições de alto rendimento. A maioria deles participará de eventos de pequeno porte em comunidades locais (Paciorek, 2004).

O caráter oficial não desabona de forma alguma os JP. Pelo contrário, o esporte de alto rendimento tem seus pontos positivos e negativos, assim como o ressignificado. Uma participação frustrada, assim como a elitização, são questões que o indivíduo que aceita entrar nesse ambiente sabe que está sujeito a enfrentar e para isso deve estar preparado. O problema é quando atletas não preparados são inseridos no ambiente de alto rendimento ou quando o esporte oficial é a única opção de prática de uma pessoa. De acordo com Nyland (2009), os modelos de disputa das Olimpíadas Especiais e do paralímpico devem ser respeitados e considerados como legítimos pela sociedade. Afinal, segundo Marques (2007), tanto o esporte oficial quanto o ressignificado podem ser positivos, de acordo com a forma como são oferecidos e com as expectativas, possibilidades, intenções e objetivos dos envolvidos.

Atualmente, os JP podem ser considerados equivalentes aos Jogos Olímpicos (JO) em relação ao modelo e à participação de atletas de elite com DF, DV e DI. Ambas as versões, de verão e inverno, ocorrem de quatro em quatro anos, na mesma cidade--sede dos JO, duas semanas depois do término deste, nas mesmas instalações e locais, apresentando, inclusive, muitas modalidades em comum. Podem ainda ser considerados, de acordo com Castro (2005), como o segundo maior evento esportivo do mundo. Os atletas paralímpicos são tão atletas quanto os olímpicos.

A primeira edição dos Jogos, em 1960, incluiu os atletas com deficiência no ambiente do alto rendimento e contou com 23 países e 400 participantes, dos quais 230 competidores e marcou o início do envolvimento político e social de autoridades e personalidades, como o papa João XXIII (Araújo, 1998a). No mesmo período dos JP de 1964, realizados em Tóquio, Japão, foi fundada a Organização Internacional de Desportos para Deficientes (ISOD) (Araújo, 1998a). Nessa edição dos Jogos, pela primeira vez foi usado, de forma oficial, o termo "Paraolimpíada", em uma alusão à junção das palavras "paraplegia" e "olimpíada" (Costa e Souza, 2004).

As formas de manifestação do esporte adaptado na sociedade contemporânea **135**

Para os JP de 1968, em Tel Aviv, Israel, foi construído o primeiro complexo esportivo adaptado do mundo. Os Jogos de 1972, em Heidelberg, Alemanha, marcaram a estreia de uma delegação brasileira. Em 1976, em Toronto, Canadá, foram incluídos atletas com DV e com paralisia cerebral, acabando com a exclusividade de atletas com amputação e lesão medular nos Jogos. O Brasil conquista, nesse evento, suas duas primeiras medalhas (Araújo, 1998a). No mesmo ano, por causa do aumento de participantes, propôs-se o nome de *The Olympiad for the physically disabled* (Olimpíada dos deficientes físicos) aos Jogos. A princípio negado pelo IOC (Cidade e Freitas, 2002), foi aceito e reconhecido apenas em 1984, nos JP de Nova York (Carvalho, 2006; Gold e Gold, 2007).

Ainda em 1976, ocorreram os primeiros Jogos de Inverno, em Ornskoldrisk, Suécia. Até 1992, os Jogos de Verão e Inverno aconteceram no mesmo ano (Conde, Souza Sobrinho e Senatore, 2006).

A partir da década de 1980, o movimento paralímpico entrou em um processo de cientificidade surgindo, então, a necessidade de implementar medidas que assegurassem as individualidades e a igualdade nas competições esportivas, assim como a divisão dos atletas em classes de disputa (Araújo, 1998a).

Em 1982 foi fundado o Comitê Coordenador Internacional de Organizações Esportivas para Atletas com Deficiência (ICC) pela reunião dos trabalhos e das atuações de federações internacionais ligadas ao esporte para pessoas com deficiência (Araújo, 1998a). O ICC foi fundado para coordenar o esporte para pessoas com deficiência em nível mundial e também para negociar com o IOC a participação desses atletas em eventos esportivos convencionais (De Pauw e Gavron, 1995). Esse órgão organizou os JP de 1988 (Verão e Inverno) e colaborou na transição de informações para os Jogos de 1992 (Verão), sendo este último com base em uma nova comissão paralímpica pautada em normas e procedimentos do ICC e do Comitê Paralímpico Internacional (IPC) (Gold e Gold, 2007).

Com a manutenção do termo *Jogos Paralímpicos* o prefixo *para-* acabou mudando de sentido. O que antes era ligado a *paraplegia* hoje denota a ideia de *paralelo, próximo* ao movimento olímpico, agregando pessoas com deficiências diversas, assim como o espírito olímpico próprio dos Jogos.

Essa mudança de sentido da palavra *paralímpico* é sintomática em relação à mudança do sentido dos Jogos, de uma forma ligada à reabilitação para a competição pautada no alto desempenho dos atletas (Gold e Gold, 2007).

Em 1988 foram realizados os JP no mesmo local e com a mesma estrutura dos Jogos Olímpicos (JO), contando com a participação de atletas com DV e DF, o que ocorre até hoje. Os Jogos de 1988 representam um grande marco histórico, pois pela primeira vez os JP receberam *status* parecido com os JO (Jordán, 2006).

Com a abertura dos JP a pessoas com diversos tipos de deficiência, o Movimento Paralímpico tem separado os atletas em seis grupos (Comitê Organizador dos Jogos Parapanamericanos Rio 2007, 2007): paralisia cerebral; lesão medular/poliomelite; amputação; deficiência visual; deficiência intelectual; *les autres* (sujeitos com deficiências que não se enquadram nas classificações

As formas de manifestação do esporte adaptado na sociedade contemporânea **137**

anteriores, como distrofia muscular, artrite reumatoide juvenil, nanismo, entre outras).

Segundo Penafort (2001), a organização, pela mesma cidade-sede, dos JO e dos JP significou e ainda é um avanço em termos organizacionais, pois contribui, inclusive, para o aumento da qualidade do legado deixado à cidade-sede pelos Jogos. Por exemplo, toda modificação que possa ser feita em relação às barreiras arquitetônicas torna-se um benefício para as próprias cidades e soma-se à evolução política da sociedade e não somente do esporte adaptado. Tais benefícios contribuem para a realização de ações previstas em lei que favorece toda a sociedade. Embora, segundo Gold e Gold (2007), tenham ocorrido na mesma cidade, os JO e os JP de 1988 foram organizados por comitês distintos, porém articulados.

No fim da década de 1980, o ICC mostrou-se uma aliança frágil entre as federações, não tendo uma história fácil entre 1982 e 1987. Por isso, em 1987, representantes de 39 países e seis federações internacionais reuniram-se em um seminário em Arnhem, na Holanda, para discutir o futuro do esporte paralímpico. Decidiu-se, então, que uma nova organização internacional deveria ser criada para representar esse público mundialmente. Dessa forma, os membros do ICC tornaram-se parte integral da nova organização e, em 1989, em Bonn, na Alemanha, nasceu o Comitê Paralímpico Internacional (IPC) que, além de organizar o esporte, passou a ter comunicação direta e facilitada com o IOC (De Pauw e Gavron, 1995).

O IPC foi criado e designado como o representante dos princípios das organizações esportivas internacionais, em um sentido oficial, para atletas com deficiência. Um de seus objetivos é a facilitação da integração do esporte adaptado com o convencional (ligado ao IOC). A mudança de foco e controle do ICC para o IPC simbolizou uma nova filosofia na busca da equiparação com o movimento olímpico internacional (Araújo, 1998a). A criação desse órgão deu início ao surgimento de comitês paralímpicos nacionais.

Na época de sua fundação, o IPC tinha como membros 5 organizações esportivas (IOSD): IBSA, CPISRA, INAS-FMH, ISMWSF e ISOD. Atualmente, o IPC opera como organizador central de 174 comitês paralímpicos nacionais, 5 corporações regionais, 4 organizações esportivas internacionais caracterizadas por deficiência e 13 federações internacionais de modalidades esportivas específicas. Centraliza as ações organizacionais do esporte paralímpico, pois, antes de sua criação, este era gerenciado internacionalmente por federações esportivas representadas de maneira não muito forte politicamente pelo ICC, que tinham a responsabilidade de constituir um calendário esportivo específico (De Pauw e Gavron, 1995).

O IPC é administrado pela Diretoria Executiva e sua equipe, com assessoramento de 5 conselhos e 11 comitês (IPC, 2009). São missões desse órgão (IPC, 2005): garantir o crescimento e o fortalecimento do movimento paralímpico, mediante o desenvolvimento dos Comitês Nacionais em todos os países, e dar apoio às atividades de todos os seus membros; supervisionar e garantir a organização bem-sucedida dos JP; agir como órgão gerenciador das modalidades controladas pelo IPC, incluindo a premiação e o reconhecimento de jogos e campeonatos mundiais e regionais ligados a diferentes deficiências; promover o esporte para atletas com deficiências sem discriminação política, religiosa, econômica, de deficiência, racial, de gênero ou de orientação sexual; dar apoio e encorajar pesquisas e atividades científicas que contribuam para o desenvolvimento e a promoção do movimento paralímpico; garantir que, no movimento paralímpico, o espírito de *fair play* prevaleça, a violência seja banida, os riscos de saúde de atletas sejam controlados e que os princípios éticos sejam atuantes; e contribuir para a criação de um envolvimento esportivo livre de drogas para todos os atletas paralímpicos, em união com a Agência Mundial Antidoping (WADA).

Nesse processo de desenvolvimento do IPC foi criada a bandeira paralímpica formada pelas cores azul, verde e vermelho que, segundo Castro (2005), representam a mente, o corpo e o espírito, e segundo o Comitê de Organização dos Jogos Parapanamericanos Rio 2007 (2007), simboliza as cores mais encontradas em bandeiras de países de todo o mundo.

O símbolo do IPC, lançado em 2003, tem três "agitos" que circundam um ponto central, enfatizando o papel do IPC de reunir atletas de todo

Figura 3.1 – Símbolo do IPC.

o mundo e propiciar condições para competirem (Comitê Organizador dos Jogos Parapanamericanos Rio 2007, 2007).

O período entre os JP de 1988 e de 1992 marcou a transição da estrutura administrativa dos JP (Peers, 2009). Em 1992, os Jogos contaram com 3.100 atletas de 24 países. Foi a última competição organizada sob a tutela do ICC (Araújo, 1998a). Também nesse ano os JO e os JP foram gerenciados pelo mesmo comitê de organização. Esse tipo de comitê é formado pela cidade-sede dos Jogos, com a responsabilidade de prepará-los. Tanto o IOC quanto o ICC ou o IPC participaram do comitê oferecendo apoio técnico. Em setembro de 1992, o IPC foi reconhecido pelo IOC como a principal entidade mundial do esporte para pessoas com deficiência (De Pauw e Gavron, 1995).

Em um primeiro momento, o IPC tornou-se um parceiro do Comitê Organizador dos JP de 1992. Como resultado dessa associação, tornou-se apto a exercer forte influência na direção e na organização dos próximos JP (Howe e Jones, 2006).

O IPC teve um crescimento rápido entre o fim da década de 1990 e início dos anos 2000, o que contribuiu para estabilizar uma extensiva rede de mais de 170 nações filiadas que, em alguns casos, replicam essa forma de organização do IPC às suas organizações nacionais. Além dos JP, o IPC organiza alguns campeonatos e calendários mundiais de algumas modalidades que não têm federações específicas e são vinculadas diretamente a este órgão (Howe e Jones, 2006). Além disso, atua no recrutamento e no desenvolvimento de atletas em todos os níveis de desempenho (IPC, 2005).

O *slogan* do IPC é tornar os atletas com deficiência capazes de praticar esporte com excelência e inspirar e excitar o mundo. Essa ideia é ligada ao empoderamento de atletas em relação à esperança de que seus desempenhos inspirem outros a grandes realizações. Nisso se baseia a ideologia do movimento paralímpico (Howe e Jones, 2006).

O lema do IPC, "espírito em movimento", traduz o que o movimento paralímpico procura alcançar: a possibilidade de atletas de todos os lugares se unirem em uma mesma cena, inspirando e contagiando o mundo com suas apresentações (Comitê Organizador dos Jogos Parapanamericanos Rio 2007, 2007).

Os Jogos Paralímpicos de Inverno de 1994, em Lillehammer, foram os primeiros organizados sob a tutela integral do IPC (Comitê Organizador dos Jogos Parapanamericanos Rio 2007, 2007), e a partir daí ocorrem no mesmo ano dos JO de Inverno.

Com os recursos humanos das federações que o compõem (atletas, administradores voluntários e sistemas de classificação), o IPC fez dos JP o mais reconhecido e possivelmente mais influente veículo de promoção do esporte para pessoas com deficiência (Howe e Jones, 2006).

Seguindo as tendências do esporte convencional para não deficientes, o esporte paralímpico, durante a década de 1990, entra em um processo que perdura até hoje, de profissionalização e de comercialização de suas práticas, sendo esse movimento uma característica do esporte contemporâneo que surge depois da Guerra Fria (Marques et al., 2009). O IPC, acompanhando uma tendência administrativa próxima ao IOC, que compreende a dinâmica do esporte do fim do século XX e início do XXI, conduz o processo de mercantilização de práticas esportivas para pessoas com deficiência, o qual se fortalece principalmente com o aumento de cobertura da mídia e perspectiva profissional de gerenciamento de eventos e entidades (Howe e Jones, 2006).

Assim, o esporte paralímpico, em menor escala do que o olímpico, agrega valores ligados ao profissionalismo, estando sujeito

O esporte paralímpico no Brasil

aos mesmos pontos positivos e negativos desta tendência. Porém, é frágil e perigoso questionar a validade do caminho liderado pelo IPC, pois, fazendo parte do esporte contemporâneo, principalmente o esporte para pessoas com deficiência ligado ao alto rendimento, essa forma de manifestação esportiva precisa associar-se a ideais de profissionalismo e mercantilização para sobreviver e continuar crescendo.

Em 1996 foram agregados aos JP os atletas com DI que apresentam agravos leves, mas apenas como convidados, vislumbrando uma participação mais efetiva em edições posteriores (Araújo, 1998a). Esse convite surgiu depois da ocorrência, em 1992, na cidade de Madri, Espanha, dos 1ºˢ Jogos Paralímpicos para Deficientes Mentais, em um período próximo aos JP de Barcelona (De Pauw e Gavron, 1995).

A partir de 1996, em qualquer proposta de organização para jogos entre 2008 e 2014, a cidade candidata dos JO deve abranger também os JP (Paciorek, 2004). Esse prazo acabou se prolongando.

Esse processo de organização conjunta deve considerar ambos os eventos com a mesma importância, sem privilégios ou prejuízos entre eles. Logo, cidades que não tinham tradição ou legislação específica de inclusão e adaptação para pessoas com deficiência acabavam ficando em desvantagem no processo de seleção e incorporação dos JP à sua candidatura. É o caso de Atenas, por exemplo, que sediou os Jogos em 2004. Com pouca estrutura voltada ao esporte adaptado, a cidade elaborou um plano específico, a *Disabled Agenda*, para a construção de locais e formas de acesso que atendessem aos atletas com deficiência. Tais empreendimentos deveriam servir para o treinamento desse tipo de atleta no futuro. No caso de Atenas, foram necessárias

As formas de manifestação do esporte adaptado na sociedade contemporânea   143

grandes adaptações e medidas para sua adequação aos JP. A seleção de uma cidade-sede, no século XXI, exige não apenas a quebra de barreiras arquitetônicas, mas também uma recepção bem-feita aos atletas com deficiência e à ideia de diversidade (Gold e Gold, 2007).

Nesse sentido, Jordán (2006) aponta uma tendência constante dos Comitês Organizadores dos JP, nos últimos anos, para o investimento em transporte público acessível às pessoas com deficiência, o que acaba sendo um importante legado às cidades-sede.

Embora a organização dos Jogos ocorra com base em um mesmo comitê, Carvalho (2006) aponta que nunca se pretendeu fundir os dois Jogos, exceto em um ato restrito de atletas ocorrido na década de 1990. Sempre se defendeu a preservação da identidade que é própria do esporte para pessoas com deficiência, da mesma maneira que nunca se pretendeu isolar os atletas com deficiência do esporte regular.

Nos JP de Sidney, em 2000, os atletas com DI foram incluídos de forma oficial nas modalidades basquetebol, atletismo, natação e tênis de mesa. Porém, em decorrência de problemas de elegibilidade, ou seja, no processo de comprovação de deficiência, e uma consequente fraude, esse grupo foi excluído de edições posteriores dos Jogos, até que fosse criado um novo sistema de classificação, mais confiável. Essa fraude ocorreu na equipe de basquetebol masculino da Espanha, que havia conquistado a medalha de ouro com alguns atletas não deficientes que haviam falsificado laudos e exames para participarem do evento (Conde, Souza Sobrinho e Senatore, 2006).

A exclusão de atletas com DI dos Jogos acabou por afastar uma grande parcela de possíveis atletas desse evento, visto que, segundo Adilson Ramos, presidente da Associação Brasileira de Desportos para Deficientes Mentais (Abdem), durante os Jogos de Sidney 70% dos atletas com deficiência eram pessoas com DI (Craide, 2000).

Os Jogos marcaram também um crescimento acentuado da divulgação e do público presente nas disputas. O basquete em cadeira de rodas contou com média de 15 mil espectadores por dia durante os JP de Sidney (Jordán, 2006).

Em 2001, depois de vários anos de cooperação, foi anunciado, na sede do IOC, em Lausanne, Suíça, um acordo em que o IPC e o IOC reconhecem partilharem de uma visão comum quanto ao direito de todos os seres humanos buscarem desenvolvimento físico e intelectual por meio do esporte. Esse acordo diz respeito a:

- ações de apoio financeiro por parte do IOC ao IPC;
- troca entre as duas entidades, de representantes em comissões conjuntas;
- zelo à organização dos JP ao obrigar que as cidades candidatas aos JO contemplem a organização dos dois Jogos (Carvalho, 2006).

Embora IPC e IOC trabalhem juntos, o IOC ainda preserva seus direitos em relação ao logotipo olímpico (cinco anéis), sendo exclusivo. O logotipo do IPC foi originalmente criado para os JP de 1988 e transformado duas vezes, em 1994 e 2003 (Gold e Gold, 2007).

As formas de manifestação do esporte adaptado na sociedade contemporânea

Esse processo de parceria não foi exatamente pontual, entre 2000 e 2006 foram assinados quatro acordos entre IPC e IOC (Gold e Gold, 2007):

- Outubro/2000: o acordo aproximou as duas instituições, fazendo do presidente do IPC um membro do IOC e garantindo ao IPC presença em onze comissões do IOC, inclusive a comissão de avaliação que examina os projetos dos candidatos a cidade-sede dos Jogos. O IOC ainda repassa um subsídio de US$ 3 milhões por ano ao IPC para desenvolvimento de projetos e ajuda a atletas;
- Junho/2001: o acordo definiu que o local-sede dos JO abrangeria também os JP em um curto período de tempo depois do primeiro, usando as mesmas instalações, estrutura e facilidades. A partir dos Jogos de 2008 e 2010, há integração total entre os comitês organizadores dos dois eventos;
- Agosto/2003: revisão de direitos de imagem de televisão e *marketing* dos JP. O IOC pagou ao IPC US$ 9 milhões pelos Jogos de 2008 e US$ 14 milhões pelos de 2010 e 2012;
- Junho/2006: esse acordo estendeu os anteriores até os anos 2014 e 2016, aumentando a verba para o IPC e classificando a função conjunta dos dois comitês na organização dos Jogos.

Por tais acordos, que ajudaram e ajudam no crescimento do IPC e dos JP, não há razões, nos dias de hoje, para haver uma desvinculação entre IOC e IPC, pois isso enfraqueceria o movimento paralímpico (Sainsbury, 2004).

A partir dos Jogos de Inverno de Salt Lake City, Estados Unidos, em 2002, os comitês organizadores das cidades-sede passaram a trabalhar, de forma generalizada, na gerência dos JO e dos JP. Uma das vantagens dessa associação é a realização dos dois Jogos na mesma cidade-sede. Essa junção dependia, anteriormente, de um acordo entre IOC e IPC, do bom grado da cidade-sede e dos patrocinadores envolvidos. Entre 1964 e 1988 muitas cidades candidatas aos JO negaram a organização conjunta dos jogos, por causa de maior exigência quanto à adaptação arquitetônica e de verbas complementares, principalmente depois da inserção de diferentes tipos de deficiências a partir de 1976 (Gold e Gold, 2007).

A associação entre IOC e IPC acaba por facilitar a gerência de ambos os Jogos Olímpicos e Paralímpicos e fortalece a perspectiva profissional destes. Com base nessa associação, ambos adotam um caráter de espetacularização mais acentuado, criando novas situações na forma de organização.

Algumas consequências se apresentam como fruto desse processo. Uma delas é o corte do crescimento do número de atletas nos Jogos Paralímpicos a partir da edição de 2004, por certa demanda organizacional e de mídia. O limite próximo de 4 mil participantes, determinado pelo IOC, visa a tornar os JP um produto mais direcionado ao mercado (Howe e Jones, 2006). Essa medida baseia-se na tentativa de facilitação de algumas estratégias de venda dos Jogos, como a criação de ídolos (menos atletas com mais destaque),

As formas de manifestação do esporte adaptado na sociedade contemporânea **147**

melhora na divulgação e na valorização de resultados, menos campeões paralímpicos (valorizando mais esses feitos).

Tal tipo de limite dificulta a inserção de novas modalidades nos JP. Para que isso ocorra, além de um grande jogo político favorável, é necessária a saída de alguma outra forma de disputa (Costa, 2009b).

De todo modo, o IPC exige que, para ser incluída nos Jogos, uma nova modalidade deva ser praticada em, pelo menos, quinze países, de três continentes (Castro, 2005). Além disso, deve contar com, pelo menos, seis atletas de quatro nações diferentes classificados, além de ter, no mínimo, dez atletas no *ranking* mundial do IPC. Porém, diante das divisões dos atletas em classes, nem sempre isso ocorre (Howe, 2004). Os JP de Verão de 2012, em Londres, Inglaterra, contaram com 4250 participantes, de 164 países.

Em 2009, a Assembleia Geral do IPC votou em favor da reinclusão de atletas com DI a partir dos JP de Londres/2012 (o que se efetivou), com base no relatório dos sistemas de avaliação e classificação da INAS (federação internacional responsável pelo esporte, em um sentido oficial, para pessoas com DI). Esse relatório apresenta uma estrutura conceitual direcionada ao desenvolvimento de um sistema de critérios e elegibilidade por esporte específico, e a diretrizes para um novo código de classificação de graus de agravos, por modalidade. Para participar dos Jogos, o atleta deve se enquadrar no código e ser registrado mediante documentos próprios da INAS, não envolvendo comitês paralímpicos nacionais (IPC, 2009).

A reinserção dos atletas com DI será progressiva, com um número reduzido de modalidades no início, e não implicará a redução do número de participantes em outros grupos de deficiência. Dessa forma, as modalidades destinadas a esses sujeitos nos JP de Londres/2012 foram: natação, atletismo, tênis de mesa e remo (IPC, 2009). Posteriormente, outras modalidades que queiram incluir os atletas com DI deverão apresentar um código de avaliação de elegibilidade específico.

Sendo as duas expressões máximas do esporte contemporâneo, a vitória ou a medalha, nos JO e nos JP, deveriam ter o mesmo valor para atleta, mídia e sociedade em geral.

3.1.3.1 As organizações federativas do movimento paralímpico, suas ligações com o IPC e as competições regionais

No decorrer de sua história, o movimento paralímpico esteve vinculado a diferentes grupos organizacionais. No seu início, foi gerido pela direção dos jogos de Stoke Mandeville. Ao se transformar em Jogos Paralímpicos, passou a ser guiado por entidades ligadas a diferentes grupos de deficiência que, em 1982, fundaram o ICC, organização que deu origem ao IPC.

O esporte paralímpico tem estrutura organizacional parecida com o olímpico, com uma entidade "guarda-chuva" (no caso, o IPC), e outras que se filiam a ela para participarem de seus eventos e discussão (Federações Internacionais – IF –, Comitês Nacionais – NPC –, Comitês de Organização de Jogos, Organizações Esportivas Internacionais – IOSD). Tais organizações têm e tiveram um papel fundamental na administração e no desenvolvimento do esporte paralímpico, pois, além de serem agentes diretamente ligados às transformações desse subcampo do esporte, atuam nos processos de disputa por capitais específicos e econômico nesse ambiente.

As instituições esportivas funcionam como organizações de ostentação burocrática que, além de outras coisas, desenvolvem um modo de sustentar práticas pela padronização de regras, organizando, fiscalizando e regulando o esporte. Outra função social dessas entidades é a distribuição de recompensas e valores externos (financeiros) à própria realização do atleta. O IPC é um exemplo de instituição que procura bens externos por meio de patrocinadores, apoios e contratos de TV, entre outros (Morgan, 2002).

Prioritariamente, a função das IOSD é classificar os atletas em grupos de disputas e definir questões técnicas para as disputas esportivas (Howe e Jones, 2006).

Atualmente, os principais agentes atuantes no meio esportivo para pessoas com deficiência são o IPC, as entidades organizadoras de esporte para pessoas com deficiência (IOSD), as Federações Internacionais (IF), os Comitês de Organização dos JP e dos JO e os Comitês Nacionais (NPC) – responsáveis por organizar a representação dos países nos JP e junto ao IPC. O nível de autoridade e responsabilidade desses comitês varia de país a país (De Pauw e Gavron, 1995). Por exemplo, enquanto algumas nações têm tanto Comitês Olímpicos quanto Paralímpicos (Brasil) como entidades independentes, outras, como os Estados Unidos, têm seu Comitê Paralímpico alocado na estrutura do Olímpico (USOC).

No caso da organização norte-americana, todos os órgãos reguladores esportivos nacionais afiliados ao USOC devem permitir a participação de atletas com deficiência em suas modalidades.

O esporte paralímpico no Brasil

Isso acabou estimulando a fusão de algumas entidades e controlando o esporte convencional e o adaptado. Esse processo recebe o nome de *integração vertical* (Paciorek, 2004).

Trata-se de entidades que alocam e organizam as ações dos indivíduos em seu espaço social, dando-lhes legitimidade e limites de atuação. Por isso, é de fundamental importância compreender seu processo de surgimento, alocação no espaço e o modo como atuam no movimento paralímpico.

Esse processo de exploração e busca por caracterização dos agentes atuantes no subcampo em questão é importante, pois, de acordo com a lógica de Bourdieu, para compreender as interações sociais é preciso identificar as posições e os capitais em disputa no espaço em questão.

Nessa rede de relações, as IOSD e as IF são responsáveis por organizar modalidades esportivas específicas em nível internacional. Elas têm autoridade para eleger e regular eventos ligados às suas modalidades nos JP. As Federações Nacionais devem participar das IOSD ou das IF correspondentes a seus campos de atuação. As IOSD se definem com base em grupos com deficiências específicas, ao passo que as IF se delimitam por modalidades esportivas. Um esporte controlado por uma não diz respeito à outra.

Em contraste com a organização olímpica, que tem órgãos gerenciadores para os esportes específicos, na organização paralímpica as IF também se apresentam de forma poliesportiva, organizando-se, em alguns casos, por deficiência (De Pauw e Gavron, 1995).

As entidades de organização esportiva para pessoas com deficiência (IOSD) podem ser classificadas como monoesportivas ou

As formas de manifestação do esporte adaptado na sociedade contemporânea

poliesportivas. As poliesportivas, com função muito semelhante à de um órgão nacional regulador de esporte não convencional, oferecem treinamento e competição em diversas modalidades para pessoas com uma deficiência específica. Essas instituições representam um grupo definido por sua deficiência. Já as monoesportivas promovem a participação em uma única modalidade, abarcando diversos tipos de deficiência (Paciorek, 2004). Independentemente de sua forma de organização, cada entidade organiza seus Jogos Mundiais e, a cada quatro anos, participa dos JP (Gorgatti e Gorgatti, 2005).

Embora haja uma corrente de pensamento nesse ambiente que defenda que o ideal para o desenvolvimento mais duradouro e pródigo do esporte adaptado fosse que os mesmos órgãos responsáveis pelo esporte convencional, para não deficientes, tornassem-se responsáveis pelo esporte para pessoas com deficiência, pois seria mais fácil criar um atendimento apropriado nessa estrutura, do que criar novas estruturas (Araújo, 1998a), o que se observa no decorrer da história é um processo diferente, pautado na criação de organizações específicas para o esporte adaptado.

A partir do início do século XXI, nota-se uma tendência em entidades ligadas ao esporte convencional de abranger também o esporte adaptado, como a Federação Internacional de Tênis de Mesa, movimento não tão intenso atualmente no Brasil. Porém, como esse é um processo lento e ainda não consensual, hoje em dia as organizações esportivas apresentam um caráter heterogêneo que, por vezes, pode complicar ações e dificultar trabalhos conjuntos em algumas modalidades esportivas.

A história das IOSD está diretamente vinculada às transformações sofridas pelo movimento paralímpico. Foram estas que organizaram os JP de 1960 a 1988 (durante esse processo algumas outras entidades foram fundadas). As organizações atuais que participam desse grupo são: IBSA, CPISRA, IWAS, INAS, todas vinculadas ao IPC. As IF (como a WOVD e a IWBF), por sua vez, são mais novas e com campo de atuação mais restrito, normalmente ligado a uma modalidade esportiva específica, porém, ainda assim, algumas delas são filiadas ao IPC também. As modalidades esportivas que não estão vinculadas nem a alguma IOSD, nem a IF, são caracterizadas como *IPC Sports*, e são gerenciadas pelo próprio IPC.

Em 1952 foi fundada a Federação Internacional de Stoke Mandeville (ISMGF), que durante os jogos de 1988 passou a ser denominada de Federação Internacional de Esportes em Cadeiras de Rodas de Stoke Mandeville (ISMWSF). Inicialmente, esse órgão contemplava as pessoas com lesão medular e, posteriormente, passou a integrar atletas com poliomelite e amputados. Foi organizador dos Jogos Paralímpicos de 1960.

Em 1964, em Paris, surgiu a Organização Internacional de Esportes para Deficientes (ISOD), a fim de organizar eventos esportivos para pessoas com deficiência não incluídas pelos Jogos de Stoke Mandeville. Atendia a DV, amputados e outras DF (De Pauw e Gavron, 1995).

As competições da ISOD começaram a causar insatisfação em alguns grupos no fim da década de 1970. No início da década de 1980, houve um desmembramento em organizações diferentes para cada tipo de deficiência, quebrando a hegemonia da ISOD, com o surgimento da IBSA e da CPISRA.

As formas de manifestação do esporte adaptado na sociedade contemporânea

Em 1978, a Associação Internacional de Esportes e Recreação para Pessoas com Paralisia Cerebral (CPISRA), em virtude do considerável crescimento do número de atletas, foi reconhecida pela ISOD como um órgão específico para organizar o esporte para pessoas com paralisia cerebral. Em 1981 foi fundada, em Paris, a Associação Internacional de Esportes para Cegos (IBSA), como uma consequência do aumento do interesse e de oportunidades de expansão de competições para atletas com DV (De Pauw e Gavron, 1995).

Tal desmembramento surgiu diante da necessidade de processos e regras de organização específicos para cada tipo de deficiência (Araújo, 1998a). Depois dessa dissolvição, a ISOD passou a agregar apenas os atletas com amputação e o grupo *Lês autres* (distrofia muscular, esclerose múltipla, nanismo, poliomelite).

A fundação do ICC, em 1982, significou uma nova perspectiva organizacional nesse ambiente, pois esse órgão tornou-se uma forma de expressão para as demais instituições (IBSA, CPISRA, ISMWSF e ISOD), além de simbolizar certa união de forças para a organização de JP que abarcasse diversos tipos de deficiências. Esse movimento começou em 1976, com o trabalho conjunto da ISOD e da ISMWSF. Além disso, o ICC fortaleceu tais grupos, que assim ganharam poder de representação junto ao IOC (De Pauw e Gavron, 1995).

Em 1986 foi fundada, na Holanda, a Federação Internacional para Pessoas com Desvantagem Mental (INAS-FMH), com o objetivo de organizar competições para pessoas com deficiência mental. No mesmo ano, tanto o CISS quanto a INAS-FMH uniram-se ao ICC (De Pauw e Gavron, 1995). O primeiro, ligado aos DA, retirou-se do IPC em 1995.

Até 1992, a INAS-FMH organizou apenas campeonatos mundiais para seu público específico. Nesse ano lançou, com o apoio do IPC, os Jogos Paralímpicos para pessoas com desvantagem mental, em Madri (De Pauw e Gavron, 1995). Esta IOSD foi a última a participar dos Jogos Paralímpicos. Esteve presente apenas entre 1996 e 2000, quando foi banida. Porém, voltou em 2012. A partir do século XXI, em decorrência das alterações na forma como as pessoas com a chamada desvantagem mental passaram a ser chamadas, pessoas com deficiência intelectual (DI), a INAS-FMH mudou de nome para INAS.

Na década de 1990, surgiram algumas federações monoesportivas ligadas não exatamente a um tipo de deficiência, mas, sim, a uma modalidade esportiva. Nesse processo, as IOSD que cuidavam dessas disputas tiveram de abrir mão do controle, que agora segue a autonomia dessas novas IF. Tem-se como exemplo dessas instituições a Organização Internacional de Voleibol para pessoas com deficiência (WOVD), fundada em 1992, e a Federação Internacional de Basquetebol em Cadeira de Rodas (IWBF), fundada em 1993 (Conde, Souza Sobrinho e Senatore, 2006).

Em 2004, dada a necessidade de fortalecimento político e maior abrangência entre atletas, a ISOD e a ISMWSF se fundiram, criando a Federação Internacional de Esportes para Amputados e Cadeirantes (IWAS), e passando a englobar, de forma integrada, o esporte para seus respectivos grupos de atletas com deficiência.

Atualmente, o IPC conta como membros todos os Comitês Paralímpicos Nacionais (NPCs) e cinco Comitês Paralímpicos Regionais (ROs) – referentes aos continentes, quatro organizações do esporte adaptado

As formas de manifestação do esporte adaptado na sociedade contemporânea

divididas por deficiência (IOSD) – IBSA; IWAS; CPISRA; INAS, Federações Internacionais (FI) – ligadas a modalidades esportivas específicas, sendo que destas apenas os NPC não têm direito a voto em suas decisões. O Quadro 3.1 mostra a estrutura organizacional atual do IPC (IPC, 2012).

Quadro 3.1 – Estrutura geral do IPC

Assembleia geral			
Federações Internacionais de Esportes (IF) Modalidades IOSD Modalidades IPC	Comitês Paralímpicos Nacionais (NPCs)	Organizações Internacionais de Esportes para Pessoas com Deficiência (IOSDs)	Organizações Regionais (OR) Regiões IPC

Conselhos	Quadro administrativo	Comitês
Conselho de atletas	Equipe de gerenciamento	Comitê antidoping
Conselho de IOSDs	Comitês técnicos de modalidades	Comitê de atletas com altas necessidades de assistência
Conselho de regiões		Comitê de auditoria e finanças
Conselhos de modalidades		Comitê de classificação
		Comitê de educação
		Comitê de classificação
		Comitê de desenvolvimento
		Comitê de leis e ética
		Comitê médico
		Comitê de Jogos Paralímpicos
		Comitê científico
		Comitê de mulheres no esporte

Fonte: adaptado de IPC (2012).

Com base nas diferentes formas de organização própria do movimento paralímpico, surgem competições em nível mundial (organizadas por IPC, IOSD e IF) e em âmbito regional (organizadas por federações e comitês regionais – continentais e nacionais, entre outros). Como exemplo dessas competições, tem-se a realização dos seguintes eventos: 1962 – I British Common-Wealth Multisports Games, na Austrália (Castro, 2005); 1967 – 1os Jogos Pan-Americanos para pessoas com lesão medular, amputação e poliomelite (Gorgatti e Gorgatti, 2005); 2007 – Jogos Parapanamericanos, no Rio de Janeiro, os primeiros a serem organizados na mesma cidade e usando as mesmas estruturas dos Jogos Pan-Americanos convencionais.

A divisão que existe na organização do esporte paralímpico, ligada às IOSD, IF e IPC, acarreta a descentralização do poder político e econômico sobre o esporte e também o desenvolvimento de competições regionais e mundiais promovidas por entidades diferentes para uma mesma modalidade. Embora isso possa ser positivo, do ponto de vista do aumento de oportunidades de prática, também diminui a importância dos resultados atléticos nos diferentes jogos, principalmente quando há mais de uma versão para um mesmo nível de disputa, como os Jogos Panamericanos, que podem ser administrados tanto pela organização americana quanto por IF de modalidade específica (Oliveira Filho et al., 2006).

Uma coordenação maior entre as entidades organizadoras do esporte regionalmente pode ser benéfica do ponto de vista de competições mais abrangentes, com maior valor, porém negativa se

As formas de manifestação do esporte adaptado na sociedade contemporânea

a criação de mais oportunidades e vagas de disputa for vista como um ponto positivo da existência de tantas organizações.

Quanto às formas de financiamento, as IOSD se diversificam, em parte. Todas se sustentam com base principal nos subsídios de seus membros nacionais. A IBSA ainda conta com apoios e patrocínios (IBSA, 2010); quanto à INAS, são as organizações nacionais que a subsidiam (INAS-FID, 2009), assim como a IWAS (IWAS, 2010) e a CPISRA (CPISRA, 2010).

3.1.4 O esporte paralímpico no Brasil

Diversos países, em todo o mundo, organizam-se de forma a melhor desenvolver seu esporte adaptado. Embora com estruturas organizativas sempre parecidas com as do esporte convencional, não há um modelo único de estruturação desses órgãos.

No Brasil, a prática social que a atividade motora adaptada vem desenvolvendo nas duas últimas décadas aponta para duas tendências: uma voltada para a prevenção e a reabilitação por meio do esporte e do lazer, e outra preocupada com a formação de atletas, em diferentes modalidades esportivas adaptadas, para participação em eventos nacionais e internacionais (Carmo, 2006). Ao tratar do esporte paralímpico brasileiro, tem-se como foco principal a segunda esfera apontada.

No Brasil, o esporte adaptado se desenvolve dentro de uma esfera diferente da do esporte convencional. Enquanto em alguns países a organização é conjunta (como no caso dos Estados Unidos), no Brasil, embora haja um Ministério do Esporte, que é soberano a qualquer forma de prática esportiva (exceto, até certa medida, à escolar), as entidades organizativas dessas formas de manifestação do esporte trabalham de forma separada e autônoma. Essa divisão tem relação com a estruturação histórica do esporte adaptado no Brasil, que se implantou em um ambiente em que o modelo de organização da manifestação convencional já se encontrava sedimentada.

O esporte adaptado brasileiro começou a ser praticado por iniciativa das próprias pessoas com deficiência e segundo os princípios de reabilitação e organização desses próprios atletas (Araújo, 1998a).

O esporte adaptado competitivo mundial tem sua origem na reabilitação de soldados e em organizações de veteranos de guerra. O esporte adaptado brasileiro nasceu nesse mesmo contexto e foi influenciado pelo modelo norte-americano ligado à formação de entidades classistas e associações em nível internacional (Araújo, 1998a; Gorgatti e Gorgatti, 2005).

O Movimento Paralímpico Brasileiro, fruto do crescimento e do desenvolvimento do esporte adaptado no país, tem três estágios importantes em sua história, que o colocam na situação atual: fundação de clubes; criação de comissões e CPB; e lei Agnelo/Piva e crescimento como potência internacional (atual) (Conde, Souza Sobrinho e Senatore, 2006).

O início do movimento esportivo para pessoas com deficiência no Brasil deu-se em 1957, com a apresentação da equipe de basquetebol em cadeira de rodas *Pan Jets*, dos Estados Unidos, a convite de Sérgio Seraphim Del Grande (Conde, Souza Sobrinho e Senatore, 2006).

Um marco histórico inicial do esporte adaptado em nosso país ocorreu em 1958, com a fundação do Clube do Otimismo (CO), no Rio de Janeiro, e do Clube dos Paraplégicos de São Paulo (CPSP). Em 1959 houve o primeiro jogo de basquetebol em cadeira de rodas entre os dois clubes. A primeira participação internacional de atletas brasileiros aconteceu em 1960, com a viagem do Clube dos Paraplégicos de São Paulo a Roma para a disputa do I Campeonato Mundial de Basquetebol em cadeira de rodas (Araújo, 1998a).

O CPSP teve como fundador Sérgio Serafim Del Grande e o CO, Robson Sampaio. Ambos foram para os Estados Unidos e para a Inglaterra, sucessivamente, onde passaram por reabilitação de lesões medulares e tomaram contato com o esporte como forma de tratamento. Eles trouxeram a ideia de esporte adaptado ao país depois de terem praticado modalidades em cadeira de rodas no exterior (Gorgatti e Gorgatti, 2005).

Depois da criação dos clubes e do início das disputas, houve a necessidade de criar entidades organizativas desse tipo de esporte. A esse respeito, há registros de 1959, com a fundação da Federação Desportiva de Surdos do Estado do Rio de Janeiro (Gorgatti e Gorgatti, 2005).

No início da implementação do esporte adaptado brasileiro as entidades organizadoras necessitavam de autonomia financeira e organizativa. Como o crescimento do esporte adaptado no Brasil deveu-se ao trabalho conjunto de ONGs, decretos-lei e interesses políticos, seu início foi pautado por certa fragilidade estrutural das organizações, por isso a participação de atletas em competições internacionais era bastante difícil, quase inviável (Araújo, 1998a). Porém, mesmo sem uma política específica e apoios institucionais, a primeira participação brasileira em Jogos Paralímpicos deu-se em 1972.

É na década de 1970 que o esporte adaptado nacional começa a dar sinais de crescimento, com bons resultados internacionais (medalhas nos JP de 1976) e a criação de entidades organizativas (Ande, e Conselho Nacional de Desporto – CND) (Ribeiro e Araújo, 2004). A Lei 6.251/75, que regulava o CND, delineou a forma como as entidades organizativas esportivas foram criadas no país (Conde, Souza Sobrinho e Senatore, 2006).

De 1976 a 1981, houve mobilização (ligada à busca por melhoria das condições de atendimento a pessoas com deficiência, como consequência da resolução 31/123 da ONU, de 1976) de segmentos públicos e privados, com o objetivo de estabelecer um processo de conscientização e envolvimento em níveis internacional, nacional, regional e local. Nesse período, não havia um órgão governamental nem legislação específica para a Educação Física e para o esporte adaptado no Brasil. Tais atividades eram ligadas ao Centro Nacional de Educação Especial (Cenesp) – um órgão do governo federal, embora suas atividades estivessem relacionadas, de forma geral, à educação especial (Araújo, 1998a).

Em decorrência principalmente do Ano Internacional das Pessoas com Deficiência (1981), a década de 1980 foi marcada também, no Brasil, pela preocupação com a formação de professores e profissionais especializados na área de Atividade Física Adaptada (Castro, 2005). Como consequência, é possível afirmar que no século XXI haverá um mercado aberto no esporte adaptado para o profissional especializado nesse campo (Ribeiro e Araújo, 2004).

As ações de institucionalização do esporte adaptado brasileiro acabaram por canalizar formas e meios de discussão em torno dos problemas que envolvem as pessoas com deficiência como um todo (Araújo, 1998a).

Araújo (1998a, p. 35) defende que somente na segunda metade da década de 1980 é que o governo federal passou a se preocupar com o segmento ligado ao esporte adaptado. O mesmo autor aponta o processo de institucionalização do esporte adaptado no Brasil entre a década de 1980 e fim de 1990, que, segundo ele, baseou-se em ações governamentais pontuais e não em uma política pública específica:

- Congressos Brasileiros do Esporte para Todos (EPT) em 1982, 1984 e 1986: surgiram como um espaço para a apresentação de trabalhos desenvolvidos com pessoas com deficiência, que, em sua maioria, eram ligados a indivíduos com DI.
- Projeto Integrado da Secretaria Nacional de Educação e Desporto (SEED/Ministério da Educação – MEC) e Cenesp – 1984-1985: busca por articulação política e desenvolvimento de um programa de Educação Física e esportes para o público com deficiência, em nível federal, além de promover estudos das condições em que essas pessoas eram atendidas. Esta ação foi motivada pela presença marcante dessa área de trabalho nos Congressos do EPT. Como resultado desse

projeto, criam-se cursos formadores de profissionais voltados à área de Educação Física para pessoas com deficiência.

- Plano Nacional de Ação Conjunta para Integração da Pessoa Deficiente, entre 1985 e 1990 (Plano de ações, no sentido da integração da pessoa com deficiência, durante o governo José Sarney) e a criação da Coordenadoria para a Integração da Pessoa Deficiente (Corde), órgão federal ligado à Secretaria Especial de Direitos Humanos da Presidência da República. Além disso, foi apresentado um Plano de Ações com 89 itens ligados ao desenvolvimento científico, técnico e formativo na área de Educação Física e esportes adaptados.

- Plano Plurianual, entre 1991 e 1995 (Plano Geral de Esporte do Governo Collor): aplicado depois da criação, em 1990, da Secretaria de Desportos, órgão pertencente à estrutura organizacional do governo (Sedes). Nele, havia um departamento voltado à pessoa com deficiência que estabeleceu programas ligados à Educação Física especial e aos esportes adaptados. No governo Itamar Franco, a Secretaria foi transferida para o MEC, dando continuidade às ações sobre o esporte adaptado.

Em 1997, a Corde foi transferida para a Secretaria dos Direitos da Cidadania, do Ministério da Justiça, o que enfraqueceu muito suas ações (Araújo, 1998a). Entre 1996 e 1999, foi desenvolvida a proposta geral para o esporte nacional, do Instituto

As formas de manifestação do esporte adaptado na sociedade contemporânea

Nacional de Desenvolvimento do Desporto (Idesp), que incluía o atendimento a pessoas com deficiência (Araújo, 1998a).

É importante destacar que, durante esse processo, em 1988, por causa da impossibilidade legal para a fundação do CPB pela constituição vigente (1975), foi formada pela Corde a Comissão Paradesportiva Brasileira, composta por representantes do governo federal, do SEED/MEC e da Corde, além do presidente das associações de organização esportiva adaptada, para organizar a participação do Brasil nos JP de 1988, em Seul (Conde, Souza Sobrinho e Senatore, 2006).

Com a promulgação da Constituição de 1988 (que estabelece ser dever do Estado fomentar práticas esportivas como direito de todo cidadão, o que intensifica sua responsabilidade pelo envolvimento em programas de desenvolvimento esportivo) e a mudança nas leis esportivas, foi criado em 1990 o Departamento de Desportos para Pessoas Portadoras de Deficiência (Deped), órgão da Sedes. Em 1991, foram incluídos no orçamento desta organização, pela primeira vez, recursos específicos para o esporte adaptado (Conde, Souza Sobrinho e Senatore, 2006).

Um exemplo da ação do poder público brasileiro em relação ao fortalecimento do esporte adaptado foi a inserção de provas para pessoas com deficiência nos Jogos Abertos do Interior do Estado de São Paulo, em 2000 (Penafort, 2001).

O processo de institucionalização do esporte adaptado no Brasil envolveu também o surgimento de entidades organizadoras do esporte no país. Como o Brasil mantém um modelo organizativo semelhante à estrutura de gerência internacional do esporte adaptado, as entidades brasileiras têm procurado trilhar caminhos estabelecidos por órgãos internacionais, seja incorporando as orientações, seja buscando acompanhar as evoluções nos diferentes campos de conhecimento que essa área envolve (Araújo, 1998a).

Embora filiadas ao Comitê Paralímpico Brasileiro, as entidades têm certa autonomia organizativa e podem coordenar e avaliar a participação de atletas brasileiros em competições internacionais ligadas às suas modalidades ou deficiências (Vaz, 2001).

Tem-se como algumas das entidades organizativas do esporte adaptado no Brasil não vinculadas ao CPB:

- Fenapaes: Federação Nacional das Apaes. Fundada em 1962, o órgão atualmente destina-se apenas ao atendimento e ao desenvolvimento de pessoas com DI. Até 1981, englobava em seus eventos esportivos também DV e DA. Não é vinculada a nenhuma outra instituição esportiva brasileira e promove seus eventos de forma independente.
- Associação Olimpíadas Especiais Brasil: criada em 1990, é o órgão que organiza as Olimpíadas Especiais no país, além de estabelecer o contato com a SOI.
- CBDS: Confederação Brasileira de Desportos para Surdos. Criada em 1984, o órgão é filiado ao CISS. Era membro do CPB em sua criação, porém não faz mais parte desse órgão. Mas o início do esporte para pessoas com DA no Brasil é anterior, deu-se em 1957, com base no Instituto Nacional de Educação de Surdos.

As formas de manifestação do esporte adaptado na sociedade contemporânea

A seguir, entidades vinculadas ao CPB (CPB, 2012):

- Ande: Associação Nacional do Desporto para Deficientes. Primeira associação de dirigentes de esporte adaptado no país, fundada em 1975. Até a década de 1980 cuidava do esporte para todas as deficiências, quando houve o surgimento de outras entidades e a separação de alguns grupos. Atualmente organiza a participação de atletas com paralisia cerebral e o grupo *Les autres*. Internacionalmente é filiada à CPISRA.

- CBDV: Confederação Brasileira de Desporto para Deficientes Visuais. Fundada em 1984 como Associação Brasileira de Desporto para Cegos, foi transformada em Confederação em 2005 e teve suas atividades encerradas em 2009. É filiada à IBSA.

- Abdem: Associação Brasileira de Desportos para Deficientes Mentais, fundada em 1989 e desvinculada da APAE em 1995 e filiada à INAS. Também não tem vínculo com a SOI Brasil.

- CBBC: Confederação Brasileira de Basquetebol em Cadeira de Rodas. Surgiu da desvinculação desta modalidade da Associação Brasileira de Desporto em Cadeira de Rodas (Abradecar), em 1996. Com o fim dessa segunda entidade no início do século XXI, por sua desfiliação da IWAS e do CPB, além de enfraquecimento político, as demais modalidades envolvidas com ela passaram aos cuidados do CPB.

- ABVP: Associação Brasileira de Voleibol Paralímpico. Fundada em 2003.

• CPB: Comitê Paralímpico Brasileiro. Fundado em 1995, a partir de ações conjuntas da Abdem, Ande, ABDC e ABDA. Filiado ao IPC, é uma sociedade civil sem fins lucrativos, com personalidade jurídica e patrimônio próprio, com duração e tempo indeterminado. Atende às solicitações do IPC e é o elo entre associações, governo, instituições internacionais e iniciativa privada dispostas a incentivar e investir no esporte para pessoas com deficiência. O CPB tem como afiliados as associações e as confederações dirigentes do esporte adaptado para pessoas com DV, DI e DF em nível nacional. Porém, não envolve todos os tipos de deficiência, como as atividades das pessoas com DA, da Fenapaes e as Olimpíadas Especiais. O CPB não contempla todas as formas de manifestação do esporte adaptado, destinando seus esforços ao esporte paralímpico de alto rendimento nacional e internacional.

O CPB surgiu com base na união de associações ligadas ao esporte adaptado e foi precedido por comissões que organizaram a participação do Brasil nos JP de 1988 e 1992. A concepção desse Comitê surgiu da necessidade de centralizar as informações e os meios de comunicação esportivos, e, principalmente, pela exigência do IPC de se relacionar com apenas um órgão em cada país (Penafort, 2001). Um ano depois de sua fundação, o CPB organizou os 1ᵒˢ Jogos Brasileiros de Paradesporto, em Goiânia (CPB, 2009a). As modalidades não vinculadas a nenhuma das associações descritas são geridas pelo CPB.

O CPB ainda realiza eventos esportivos em âmbito nacional, ligados a seu calendário próprio e emite sua chancela para eventos de associações filiadas a ele. Isso possibilita a classificação de atletas para competições internacionais e seleções brasileiras (Vaz, 2001).

A primeira vez que uma pessoa com deficiência assumiu a presidência do CPB foi em 2001, o ex-atleta paralímpico Vital Severino Neto, com DV desde a infância. Em 2002, o CPB foi transferido do Rio de Janeiro para Brasília, com o objetivo de facilitar contatos políticos (CPB, 2009a).

Os objetivos do CPB são (CPB, 2009a):

- *Gerais*: consolidar o Movimento Paralímpico Brasileiro, visando ao pleno desenvolvimento e difusão do esporte de alto rendimento para pessoas com deficiência no Brasil.
- *Promocionais*: aumentar a visibilidade do Movimento Paralímpico no Brasil; facilitar a divulgação e a comercialização do Movimento Paralímpico para a conquista e a fidelização de clientes; e implantar um programa de licenciamento do Movimento Paralímpico no Brasil.
- *Técnicos*: fornecer subsídios técnico-científicos às equipes representantes do Brasil; criar o *ranking* nacional de atletas; padronizar métodos e instrumentos de avaliação de desempenho de atletas; fomentar a competição no país na busca por novos talentos; estimular a participação brasileira em competições internacionais; capacitar profissionais; planejar e atuar na aposentadoria e no período pós-carreira de atletas,

ajudando na capacitação profissional; elaborar um calendário para o Movimento Paralímpico Brasileiro; e padronizar instrumentos de gerência de associações e clubes paralímpicos.

A criação do CPB não apenas reformulou a estrutura do esporte paralímpico no Brasil, como também a forma ideológica como era visto o esporte para pessoas com deficiência, ganhando um aspecto mais organizado e profissional. A atuação desse órgão mudou o rumo do esporte adaptado brasileiro que, de um sentido apenas participativo, passou para o de competição e excelência em resultados (Mello, 2001).

Com base nessas informações, tem-se que a estrutura do esporte paralímpico brasileiro é semelhante à do esporte olímpico. A diferença é que as associações nacionais que representam os atletas paralímpicos são formadas, em sua maioria, de acordo com o tipo de deficiência e não de uma modalidade específica (Costa e Souza, 2004). Elas podem ser classificadas como poliesportivas.

Embora haja uma estrutura internacional voltada à organização do esporte adaptado e o Brasil, além de fazer parte dela, ainda adote o mesmo modelo para sua organização interna, também existem propostas para a unificação de entidades em nível internacional. No país, autores como Araújo (1998a) acreditam que a centralização de processos e funções seria benéfica para o esporte.

Esse discurso é fortalecido por Penafort (2001), que aponta a aproximação entre associações do esporte adaptado entre si e com as do esporte convencional. Isso seria interessante, ocorrendo barateamento de eventos, maior massificação do esporte adaptado, facilitação da aproximação entre esporte adaptado e Estado e uso da estrutura já conquistada pelo esporte convencional, por parte da prática para pessoas com deficiência.

Da mesma forma como acontece em âmbito internacional, nota-se no Brasil profundas transformações e transmutações de entidades organizativas do esporte. Por exemplo, tem-se a associação da ISMWSF com a ISOD para a formação da IWAS, em nível mundial, e o fim da Abradecar, com o surgimento de federações monoesportivas no Brasil, como a Confederação Brasileira de Basquete em Cadeira de Rodas. Para Vaz (2001), esse movimento de fortalecimento de entidades monoesportivas enriquece a modalidade, possibilitando melhor participação de atletas e aumento do número de eventos específicos.

É importante citar também a existência no país, mais uma vez acompanhando movimentos internacionais, de associações voltadas tanto ao esporte convencional quanto ao adaptado. Um exemplo é o departamento de tênis de campo adaptado na Confederação Brasileira de Tênis (CBT).

Com base na teoria de Bourdieu, pode-se compreender tal fato pela necessidade de fortalecimento (ascensão na escala social) de algumas entidades ou agentes e a criação de novos órgãos como a ferramenta encontrada para a entrada do "novo" no subcampo, em detrimento das formas de distribuição de capital do "velho", representado pelas entidades extintas. Além disso, expressa a relativa autonomia do subcampo no país, visto o seguimento de uma mesma tendência internacional.

Pode-se observar ainda que, embora haja propostas no sentido da centralização do poder organizativo do esporte adaptado e consequente redução do número de entidades, a cada dia surgem novas organizações com poderes de decisão, descentralizando a distribuição de capital no campo.

Durante o início do século XXI ainda é possível notar algumas mudanças em relação à política de esporte adaptado no Brasil que facilitaram a ação de entidades ligadas a esse fenômeno, principalmente à atuação do CPB, inaugurando a terceira fase histórica do esporte adaptado no país.

Esse novo período, que dura até hoje, caracteriza-se pelo aumento da profissionalização do esporte olímpico e paralímpico, maior autonomia financeira e ações ligadas ao crescimento do país como potência esportiva.

São pilares dessa transição a criação de leis que promoveram a organização do esporte paralímpico no Brasil, maiores recursos financeiros e, consequentemente, maior capacidade de realização.

A Lei Agnelo/Piva, sancionada em 16 de julho de 2001, conhecida por esse nome por causa de seus autores, o então senador Pedro Piva (PSDB-SP) e o então deputado federal Agnelo Queiroz (PCdoB-DF), estabelece que 2% da arrecadação bruta de todas as loterias federais do país sejam repassadas ao Comitê Olímpico Brasileiro (COB) e ao Comitê Paralímpico Brasileiro (CPB). Do total desses recursos, 85% são destinados ao COB e 15% ao CPB (Brasil, 2004a). Por causa da Medida Provisória nº 502, de 20 de setembro de 2010, o repasse desses valores às confederações e às federações ocorrerá com base em contratos firmados entre COB, CPB e esses órgãos, que determinarão as metas a serem cumpridas, em contrapartida ao valor recebido (Brasil, 2010b).

É esta a maior fonte de verba do CPB na atualidade, além do patrocínio das Loteiras da Caixa Econômica Federal, cuja parte da arrecadação é destinada ao CPB e ao COB (Costa, 2009a). Segundo a revista *Época* (2008), em 2008 o CPB recebia cerca de R$ 15 milhões de patrocínio das Loterias da Caixa, o COB recebia R$ 80 milhões e para os JP de 2008, o CPB recebeu R$ 2 milhões da Cosipa como patrocínio.

A vantagem dessa legislação é que, pela primeira vez, o CPB passou a contar com verba fixa e então pôde planejar suas ações com mais tranquilidade e a médio e longo prazo (Gorgatti e Gorgatti, 2005). Essa lei tem permitido a formulação e o desenvolvimento de um planejamento estratégico para a consolidação e a expansão do movimento paralímpico no país (Conde, Souza Sobrinho e Senatore, 2006).

No início do governo do presidente Luiz Inácio Lula da Silva, em 2003, foi criado, pela Medida Provisória nº 103, o Ministério do Esporte, com o objetivo de formular e implementar políticas públicas inclusivas e de afirmação do esporte e do lazer como direitos sociais dos cidadãos, colaborando para o desenvolvimento nacional e humano (Brasil, 2004c).

Em 2004, foi realizada a I Conferência Nacional do Esporte, com o objetivo de aprovar uma política de esporte e lazer com foco na inclusão social. E desse encontro surgiu a proposta de criação do Sistema Nacional de Esporte, com eixos em políticas nacionais de gestão participativa e controle social, de recursos humanos e de financiamento. Um sistema descentralizado e regionalizado, baseado em discussões e solicitações que tiveram como fundamento as fases municipal, estadual e federal, na tentativa de abarcar necessidades e princípios do esporte em todo o país (Brasil, 2004c).

São princípios do Sistema Nacional do Esporte e do Lazer (Brasil, 2004c): o projeto histórico de sociedade comprometido com a reversão do quadro de injustiça, exclusão e vulnerabilidade social ao qual se submete grande parcela da nossa sociedade; o reconhecimento do esporte e do lazer como direitos sociais; a inclusão social compreendida como a garantia do acesso aos direitos sociais de esporte e lazer a todos os segmentos, sem nenhuma forma de discriminação, seja de classe, etnia, religião, gênero, nível socioeconômico, faixa etária e condição de necessidade especial de qualquer espécie; e a gestão democrática e participativa, com ênfase na transparência no gerenciamento dos recursos.

Suas diretrizes são (Brasil, 2004c): descentralização da política esportiva e de lazer; gestão participativa; universalização do acesso; controle social da gestão pública; desenvolvimento da nação; integração étnica, racial, socioeconômica, religiosa, de gênero e de pessoas com deficiência e com necessidade especial de qualquer natureza; desenvolvimento humano e promoção da inclusão social.

E seus objetivos (Brasil, 2004c): promover a cidadania esportiva e de lazer na sua dimensão científica, política e tecnológica, com ênfase nas pesquisas referenciadas socialmente; democratizar e universalizar o acesso ao esporte e ao lazer, na perspectiva da melhoria da qualidade de vida da população brasileira; descentralizar a gestão das políticas públicas de esporte e lazer; detectar e desenvolver talentos esportivos em potencial e aprimorar o desempenho de atletas com deficiência ou não de rendimento; fomentar a prática do esporte educacional e de participação para toda a população; fortalecer a identidade cultural esportiva mediante políticas e ações integradas com outros segmentos.

Este sistema foi um importante passo para a política pública de esportes no país, pois garantiu formas de financiamento e gerenciamento esportivo afetando, inclusive, o esporte paralímpico.

Outro benefício legal destinado a atletas no Brasil, que acabou afetando positivamente o grupo paralímpico, é a Bolsa-Atleta instituída pela Lei 10.891, de 2004, destinada aos atletas praticantes do desporto de rendimento em modalidades olímpicas e paralímpicas, bem como naquelas modalidades vinculadas ao IOC e ao IPC.

Essa bolsa visa a permitir o sustento mínimo de atletas de alto rendimento para que possam se dedicar exclusivamente a seu treinamento e à participação em competições, desenvolvendo assim sua carreira esportiva (Florence, 2009). É uma facilitação ao atleta, porém seus valores, principalmente em nível nacional, não representam exatamente um salário, mas, sim, como cita a autora acima, uma ajuda de custo.

A concessão da Bolsa-Atleta não gera qualquer vínculo empregatício entre os atletas beneficiados e a administração pública federal. Originalmente, para pleitear a concessão da Bolsa-Atleta, o atleta deverá preencher, cumulativamente, os seguintes requisitos (Brasil, 2004b):

- idade mínima de 14 (catorze) anos para a obtenção das Bolsas Atleta Nacional, Atleta Internacional Olímpico e Paralímpico, e ter idade mínima de 12 (doze) anos para a obtenção da Bolsa-Atleta Estudantil;
- estar vinculado a alguma entidade de prática desportiva, exceto os atletas que pleitearem a Bolsa-Atleta Estudantil;
- estar em plena atividade esportiva;
- não receber qualquer tipo de patrocínio de pessoas jurídicas, públicas ou privadas, entendendo-se por patrocínio todo e qualquer valor pecuniário eventual ou regular diverso do salário;
- não receber salário de entidade de prática desportiva;
- ter participado de competição esportiva em âmbito nacional e/ou no exterior no ano imediatamente anterior àquele em que tiver sido pleiteada a concessão da Bolsa-Atleta;
- estar regularmente matriculado em instituição de ensino público ou privado, sendo essa exigência exclusiva para os atletas que pleitearem a Bolsa-Atleta Estudantil.

As Bolsas-Atleta são concedidas pelo Governo Federal pelo prazo de um ano, configurando doze recebimentos mensais. Os atletas que já receberem o benefício e conquistarem medalhas nos Jogos Olímpicos e Paralímpicos serão indicados automaticamente para a renovação de suas respectivas bolsas. Foram criadas, originalmente, quatro categorias de atletas para recebimento da bolsa, com valores específicos, aumentando conforme o nível (Brasil, 2004b):

As formas de manifestação do esporte adaptado na sociedade contemporânea

- *Estudantil*: atletas a partir de 12 anos de idade, participantes dos jogos estudantis organizados pelo Ministério do Esporte, tendo obtido até a 3ª colocação nas modalidades individuais ou que tenham sido selecionados entre os 24 melhores atletas das modalidades coletivas dos referidos eventos e que continuem a treinar para futuras competições nacionais. Valor: R$ 300,00.

- *Nacional*: atletas que tenham participado do evento máximo da temporada nacional e/ou que integrem o *ranking* nacional da modalidade, em ambas as situações, tendo obtido até a 3ª colocação, e que continuem a treinar para futuras competições nacionais. As indicações terão necessariamente o aval das respectivas entidades regionais de administração do desporto (federações) e das entidades nacionais do desporto (confederações). Valor: R$ 750,00.

- *Internacional*: atletas que tenham integrado a seleção nacional de sua modalidade esportiva representando o Brasil em campeonatos sul-americanos, pan-americanos ou mundiais obtendo até a 3ª colocação, e que continuem a treinar para futuras competições internacionais. As indicações terão necessariamente o aval das respectivas entidades nacionais do desporto (confederações). Valor: R$ 1.500,00.

- *Olímpico e Paralímpico*: atletas que tenham integrado as Delegações Olímpica e Paralímpica Brasileira de sua modalidade esportiva e que continuem treinando para futuras competições internacionais. Valor: R$ 2.500,00.

Do ponto de vista dos atletas, em relação a essas formas de apoio financeiro, Florence (2009) expõe dados relativos a 18 brasileiros campeões paralímpicos nos JP de 2004, em Atenas. De maneira geral, os atletas apontam que esse apoio só é obtido mediante grandes conquistas de resultados e sua manutenção, e a maioria vive com os ganhos da Bolsa-Atleta. Isso faz que alguns deles trabalhem de forma paralela e desvinculada do esporte, com medo do término do apoio financeiro.

A questão financeira desses atletas apresenta os seguintes aspectos: escassez do apoio financeiro privado e instabilidade do apoio governamental, o que dificulta a presença da prática esportiva como sua única atividade cotidiana. Mesmo assim, todos veem com bons olhos esse processo, visto que ser pago como atleta transforma seu modo de se relacionar com a sociedade, dando-lhe mais autonomia e papel importante inclusive em sua família (Florence, 2009). Ou seja, é possível que o esporte de alto rendimento seja uma das inúmeras vias de contribuição para a inclusão social, embora isso aconteça apenas com a minoria dos atletas.

Porém, em 20 de setembro de 2010, o presidente da República, Luiz Inácio Lula da Silva, assinou a Medida Provisória do Esporte de Alto Rendimento, nº 502, na qual estabelece algumas alterações no Programa Bolsa-Atleta, Lei Agnelo/Piva e Rede Nacional de Treinamento. Quanto ao Programa, este documento cria duas novas categorias: Esporte de Base e Atleta Pódio.

O Esporte de Base visa suprir as necessidades da categoria Estudantil e não contempla esportistas de destaques em categorias iniciantes de todas as modalidades olímpicas. Há casos de modalidades, como tiro esportivo, que o atleta de base já passou da idade de receber a Bolsa Estudantil. O valor mensal do benefício será de R$ 370,00 (Brasil, 2012).

Quanto ao Atleta Pódio, são beneficiados com bolsa de até R$ 15.000,00 mensais os atletas de modalidades olímpicas e paralímpicas individuais. Para ter direito ao benefício, os desportistas devem estar entre os vinte melhores do mundo em sua prova, segundo ranqueamento oficial da entidade internacional da modalidade. Além disso, deverão ser indicados pelas respectivas confederações, COB ou CPB e pelo Ministério do Esporte. Nesse novo sistema, os atletas são beneficiados por um ciclo olímpico, ou paralímpico, completo, podendo, inclusive no caso de já ter contrato de patrocínio, ter o benefício por parte do Governo Federal (Brasil, 2010b).

Outra mudança é o reajuste dos valores da Bolsa Atleta como um todo. A categoria Estudantil passou de R$ 300,00 para R$ 370,00; a Nacional de R$ 750,00 para R$ 925,00; a Internacional de R$ 1.500,00 para R$ 1.850,00; e a Olímpica/Paralímpica de R$ 2.500,00 para R$ 3.100,00. Além disso, desde 2011, exigem-se exames antidoping no atleta beneficiário do Ministério do Esporte (Brasil, 2010b).

Em março de 2011, a Lei 12.395 promoveu uma importante mudança no programa Bolsa-Atleta, permitindo que os contemplados com patrocínios de fontes diversas também pudessem candidatar-se ao benefício. Além disso, ratificou a criação das categorias Atleta-Pódio e Esporte de Base (Brasil, 2012).

Em 2006, foi realizada a II Conferência Nacional do Esporte, com a mesma estrutura da anterior, objetivando criar o Sistema Nacional de Esportes adequado às necessidades reais do país, com base em reflexões sobre a aplicação do esporte. Uma das propostas foi o encaminhamento da Lei de Incentivo Fiscal (Brasil, 2007).

Consequentemente, no mesmo ano, outro avanço em relação ao financiamento e à geração de recursos para o esporte no país entrou em vigor com a promulgação da Lei do Incentivo Fiscal, sob o nº 11.438, em dezembro de 2006. Esta lei prevê que, de 2007 a 2015, poderão ser deduzidos do Imposto de Renda devido os valores despendidos, a título de patrocínio ou doação, no apoio direto a projetos desportivos do esporte convencional e adaptado, previamente aprovados pelo Ministério do Esporte. Pessoas físicas poderão doar ou usar como patrocínio até 6% do imposto devido, e as pessoas jurídicas – empresas, clubes sociais e entidades de classe, entre outros – até 4% (Brasil, 2006).

Os beneficiários poderão tratar de qualquer uma das formas de manifestação legais do esporte: alto rendimento, participação, educacional. É vedado o uso dos recursos oriundos dos incentivos previstos nesta Lei para o pagamento de remuneração de atletas profissionais, nos termos da Lei no 9.615, de 24 de março de 1998, em qualquer modalidade desportiva (Brasil, 2006). Essa lei beneficia não somente o CPB, mas também, e principalmente, atletas e entidades esportivas que passam a ter maior oferta de patrocínio e apoios financeiros.

Com o apoio de tais formas de financiamento, implantadas depois dos JP de Sidney/2000, foi criada a Equipe Paralímpica

Permanente (EPP), composta por técnicos, atletas e guias. A seleção dos atletas se faz com base em resultados técnicos anteriores e avaliações em centros de excelência esportiva (Castro, 2005). Essa iniciativa possibilita, até hoje, uma preparação mais adequada aos atletas paralímpicos brasileiros.

Em junho de 2010, foi realizada a III Conferência Nacional do Esporte, com o tema "Plano decenal do esporte e lazer – 10 pontos em 10 anos para projetar o Brasil entre os 10 mais". Por meio de debates, seguindo a mesma estrutura das outras conferências, foram elaboradas propostas para contribuir com a elevação do padrão esportivo positivo do Brasil e tornar o esporte e lazer fatores que venham a impulsionar o país no cenário internacional. Esse tema deriva, principalmente, das eleições do Brasil como sede da Copa do Mundo de Futebol de 2014 e dos JO e JP de 2016, e a busca por resultados esportivos expressivos em nível internacional (Brasil, 2009). Como resultado desse encontro, tem-se propostas de mudanças ou inserções à Política Nacional de Esportes, ligadas à melhoria do esporte brasileiro como um todo, especialmente aquele relativo ao alto rendimento.

Quanto a esta categoria específica, tem-se como proposta de ação a promoção de eventos esportivos com ênfase na divulgação de mídia nas categorias de base. E como metas provenientes dessa edição da Conferência (Brasil, 2010a): criar políticas de transmissão e divulgação proporcionais às categorias de alto rendimento e categorias de base nas modalidades olímpicas, paralímpicas e não olímpicas; criar uma rede nacional pública em canal aberto para a promoção de modalidades olímpicas, paralímpicas e não olímpicas; realizar eventos esportivos e paradesportivos com maior frequência em todos os níveis de governo, selecionar novos talentos e divulgar por meio da mídia os eventos e os resultados; e estipular cotas mínimas de transmissão e divulgação de eventos esportivos de todas as modalidades olímpicas, paralímpicas e não olímpicas nos meios de comunicação subsidiados pelo governo, com as devidas condições de acessibilidade.

Costa (2009b), em palestra proferida no III Congresso de Ciência do Desporto, na Universidade Estadual de Campinas, em 2009, apontou algumas intenções de realização do CPB, visando ao crescimento do esporte paralímpico no Brasil: manutenção de equipes permanentes; criação de cargo de técnico nacional de modalidades permanentes; criação de cargo de coordenador técnico de modalidades; criação de centros de treinamento; busca da continuidade do Circuito Brasil Paralímpico Caixa de Atletismo e Natação nas cinco regiões do país; intercâmbios internacionais de técnicos e atletas; manutenção de uma equipe de avaliação física por modalidade; investimento na aquisição de equipamentos e tecnologia; e investimento na equipe de classificadores funcionais, pois a classificação no Brasil ocorre, às vezes, de forma diferente dos processos internacionais.

Embora seja uma realidade incontestável, o esporte paralímpico no Brasil encontra sérias dificuldades para seu crescimento: problemas como infraestrutura de clubes e associações de esportes, locais não apropriados, materiais e equipamentos inadequados,

As formas de manifestação do esporte adaptado na sociedade contemporânea

pouca conscientização das próprias pessoas com deficiência e sua família sobre a importância do esporte como fator de auxílio na vida social e a falta de profissionais habilitados e preparados para atuarem com esse público, principalmente no que diz respeito à avaliação e à metodologia de treinamento (Costa 2009a).

Em contrapartida, a cada evento internacional o Brasil tem apresentado melhores resultados. O investimento tem aumentado, sendo a maioria dos investidores ligados a órgãos do governo, ou empresas estatais, como Petrobras, Caixa Econômica Federal e Fundação Banco do Brasil, entre outros. Porém, até 1998, a maioria do investimento do governo foi para o esporte de alto rendimento (Araújo, 1998a). Isso possibilita facilidades para ascensões técnicas, como a vivida pelo esporte paralímpico brasileiro.

O Brasil tem estado na elite dos JP de Verão, ficando entre os dez primeiros colocados no quadro de medalhas na edição de 2012, em Londres. Isso é consequência tanto do aumento do número de atletas da delegação brasileira nos Jogos, 182, quanto do número de provas disputadas pelo país (18, das 20 oferecidas) e de uma notável ascensão técnica, acompanhada de ações administrativas e organizacionais. Por exemplo, de toda a delegação, 156 atletas são beneficiados pelo Bolsa-Atleta.

O Brasil, ao lado de alguns países, como a Ucrânia, tem dado grande importância a atletas paralímpicos e sua preparação. A Tabela 3.1 demonstra a evolução das delegações brasileiras, em termos de resultados, nos últimos JP:

Tabela 3.1 – Quadro de medalhas do Brasil em Jogos Paralímpicos de Verão recentes

Jogos Paralímpicos	Número de Atletas	Classificação Geral	Número de Medalhas			
			Ouro	Prata	Bronze	Total
Atlanta, 1996	59	37º	2	6	13	21
Sidney, 2000	63	24º	6	10	6	22
Atenas, 2004	98	14º	14	12	7	33
Pequim, 2008	188	9º	16	14	17	47
Londres, 2012	182	7º	21	14	8	43
Total	590	----------	59	56	51	166

O esporte paralímpico, e adaptado de forma geral, do Brasil tem alcançado resultados internacionais mais expressivos do que o convencional. Embora isso ocorra, é maior a atenção e o desenvolvimento do segundo sobre o primeiro em nosso país (Penafort, 2001), dada a maior distribuição de renda para o esporte olímpico em relação ao paralímpico (justificado pela maior possibilidade de retorno midiático).

Por isso, o movimento paralímpico brasileiro encontra-se em um estágio muito importante e favorável, seguindo uma onda crescente de divulgação, amplitude e resultados que deve ser aproveitada.

Segundo Costa (2009a), o esporte paralímpico no Brasil chegou em um momento crucial, de grande decisão política em relação a seu destino. Ou toma-se o caminho de se adequar à realidade das grandes potências internacionais, no que diz respeito à profissionalização dos dirigentes e de ações de efetiva participação dos métodos científicos de avaliação e treinamento de atletas e equipes para manter-se no alto escalão esportivo, ou opta-se por um caminho de conformismo em relação aos resultados já alcançados e à necessidade de adaptação de processos, equipamentos e treinamentos.

Como um passo a ser destacado, tem-se a recente organização da Comissão Científica do Comitê Paralímpico Brasileiro, que objetiva sistematizar, organizar e viabilizar pesquisas científicas ligadas a esse objeto, contribuindo para seu desenvolvimento e crescimento.

4

As esferas de análise: classificação de atletas, profissionalismo e administração do esporte paralímpico

Este trabalho busca uma análise exploratória a respeito do esporte paralímpico brasileiro, com base em dados que indiquem características sociais desse fenômeno. Nesse sentido, três vertentes são propostas como diretrizes para uma análise sociológica desse objeto:

- o processo de treinamento, recrutamento e coordenação dos classificadores funcionais;
- a profissionalização no esporte paralímpico;
- a presença de pessoas com deficiência na gerência de entidades organizativas dessa forma de manifestação do esporte. Essas esferas de análise se justificam por serem eventos que produzem diferenças sociais e estipulam formas diversificadas de capital no subcampo.

Para tal, faz-se agora uma apresentação dos três temas, baseada em análise de dados relativos a referências bibliográficas, com a finalidade de problematizar as esferas de análise.

4.1 Componentes sociais dos Jogos Paralímpicos

Para compreender e descrever as relações sociais próprias do subcampo do esporte paralímpico faz-se necessário, ao considerá-lo um espaço social com autonomia relativa, primeiro caracterizá-lo em relação à sua estrutura formativa e distribuição de grupos e agentes, além de situá-lo no ambiente de outros subcampos no esporte adaptado. Esse processo foi realizado até aqui.

Inicia-se, neste momento, com base na estrutura organizativa desse espaço social, uma apresentação a respeito dos componentes sociais específicos do esporte paralímpico, ou seja, formas, sentidos e ferramentas de disputa social nesse espaço, assim como maneiras de ação dos seus agentes.

Tem-se como estrutura e exemplos desse conteúdo o movimento de elaboração e condução dos processos de classificação de atletas, o crescimento do profissionalismo no movimento paralímpico e a influência da mídia desse movimento, a presença do *doping*, da pesquisa científica, os processos de formação e aposentadoria de atletas e diferenças de gênero e oportunidades.

Tais descrições e reflexões configuram uma problematização sociológica a respeito do esporte paralímpico brasileiro. Ou seja, orientam uma análise a respeito da disputa por capital nesse espaço e pelos meios de produção e distribuição desse, com a finalidade de orientar uma análise aprofundada sobre o tema, visto que, embora haja certa produção científica sobre essa forma de manifestação esportiva, questões ligadas às esferas de análise a serem tratadas neste trabalho ainda são raras.

4.1.1 Processo de classificação de atletas ou classificação esportiva do esporte adaptado

As diferentes formas de deficiência colocam, para os organizadores dos Jogos, o problema de encontrar um sistema que garanta o princípio de igualdade de condições na disputa garantindo resultados justos no fim das competições. Afinal, a comparação entre atletas só faz sentido se todos estiverem em condições próximas de disputa, sendo essa uma premissa que compunha o esporte moderno e foi herdada pelo contemporâneo.

Além de haver diferenciações em relação aos tipos de deficiência, dentro destas há diferentes graus de comprometimento que resultam em desigualdades, causando uma situação de desvantagem a pessoas com mais comprometimentos (Howe e Jones, 2006).

A solução encontrada foi agrupar os competidores em categorias de acordo com o comprometimento apresentado. Surgem, então, os sistemas de classificação que têm por objetivo garantir a legitimidade das competições e seus resultados, além de ajudar na prevenção de lesões. Esses instrumentos devem garantir que o nível de treinamento, talento, condição física, motivação e a habilidade do atleta sejam os fatores decisivos para seu sucesso e não o grau ou o tipo da lesão (Sherril, 1999; Paciorek, 2004). Além disso, estabelece os sujeitos elegíveis para as disputas, ou seja, os que, de fato, tenham alguma deficiência que os qualifique para as disputas no esporte adaptado (Tolocka, 2008).

Desse modo, os atletas competem dentro de suas classes, definidas de forma específica por modalidade, ou seja, para cada modalidade há um sistema próprio de classificação de deficiência. Por isso, a classificação esportiva é um ponto importantíssimo no esporte adaptado, sendo a área em que a pesquisa científica se faz mais necessária, pois busca a justiça e a legitimidade do esporte (Sherril, 1999).

Diante de sua importância, a classificação está presente no esporte paralímpico como um componente do *habitus* dos sujeitos envolvidos, articulado mediante formas de classificação e discussão sobre processos e resultados dessas formas (Howe, 2004).

Também existe classificação em algumas modalidades esportivas no esporte convencional, visto as divisões por peso em práticas de luta (Paciorek, 2004; Howe, 2008a). Porém, esse processo é um instrumento intrínseco a qualquer prática esportiva adaptada, conferindo-lhe um caráter de justiça e validade de resultados (Penafort, 2001). Reside aí uma diferença entre esporte convencional e adaptado, pois, no segundo, a classificação se dá com base nas características médicas e motoras do atleta e consiste em instrumento primário e indispensável para as disputas, principalmente no esporte paralímpico (Williams, 1994).

Para Wu e Williams (1999), um sistema de classificação é considerado justo quando tem três condições: os desempenhos entre as classes são diferentes, com atletas com menos comprometimento de deficiência com rendimentos melhores dos que têm mais comprometimento; atletas de elite nas mesmas classes devem apresentar

As esferas de análise: classificação de atletas, profissionalismo e administração do esporte paralímpico

rendimentos similares; e atletas com deficiências diferentes devem ter condições iguais para obter bons resultados e vitórias.

Existem, hoje, dois tipos principais de sistemas de classificação, o médico (que verifica o nível mínimo de deficiência e não considera a capacidade funcional do atleta) e o funcional ou integrado (que identifica como o atleta executa as habilidades específicas da modalidade). Esse segundo instrumento combina informações médicas com dados sobre desempenho para avaliar habilidades específicas da modalidade esportiva, que são necessárias para o atleta. Esses sistemas de classificação podem ser usados em competições que envolvam uma ou mais deficiências (Paciorek, 2004).

Tem-se também uma tendência em relação à classificação de atletas com DV, de associar a perspectiva médica, predominante nesse tipo de deficiência, com o efeito que a dificuldade apresentada pelo competidor exerce em sua modalidade específica, o que começou a ser pensado pelo Comitê Paralímpico Internacional (IPC) em 2010 (CPB, 2010). Nota-se, assim, uma perspectiva funcional, inclusive, diante da classificação de atletas com DV, desvalorizando a deficiência em relação às necessidades e capacidades do sujeito.

O primeiro processo de classificação e separação de atletas em grupos de disputa ocorreu na década de 1940, na Inglaterra e era baseado em critérios médicos, herança dos hospitais para pessoas com lesão medular e utilizado em todas as modalidades. Esse sistema foi predominante no mundo até a década de 1990 (De Pauw e Gavron, 1995).

No início, a classificação médica separava pessoas com lesão medular completa de comprometimentos parciais, chegando a existir competições paralelas de basquetebol em cadeira de rodas para os dois grupos (Penafort, 2001). Esse tipo de classificação baseava-se, ainda, no segmento da medula espinhal comprometido, o que fornecia uma ideia das possibilidades de ação do atleta (Kelly, 2004).

A partir de 1969, a classificação médica começou a considerar, além do tipo de deficiência, alguns movimentos possíveis para o indivíduo, mas sem especificidade por modalidade, sendo esse seu maior problema, pois o mesmo processo de classificação era válido para qualquer esporte a ser praticado pelo atleta. Somando-se o grande número de classes por competição e a pouca capacidade de equivalência de capacidades dos atletas, a classificação médica sofreu muitas críticas na década de 1990 (Penafort, 2001).

A classificação médica quase não leva em consideração a natureza de demandas específicas de cada modalidade esportiva. Além disso, segundo De Pauw e Gavron (1995), cria um número muito grande de classes, o que já causou cancelamento de eventos pelo pequeno número de atletas inscritos por provas para as disputas, embora isso seja um dado questionável. Outro problema desse sistema era a humilhação ao atleta, por ser tratado como um indivíduo com limitações e não capacidades (Sainsbury, 2004).

Muitas classes, com poucos participantes, acarretam a desvalorização da vitória e o descrédito do mérito esportivo, pois geram muitos campeões em uma mesma modalidade e poucos competidores por classe de disputa. Porém, diminuir o número de classes pode significar certa elitização de deficiências em uma mesma classe. Visando a melhorar o espetáculo esportivo e à comercialização

As esferas de análise: classificação de atletas, profissionalismo e administração do esporte paralímpico **193**

desse como produto, há certa intenção, em nível mundial, de diminuir ainda mais o número de classes (Carvalho, 2006).

Essa é uma desvantagem dos sistemas de classificação. Quanto mais classes, mais campeões. Ou seja, enquanto existe apenas um campeão olímpico em determinada prova, há vários campeões paralímpicos – por exemplo, nos JP de Seul, em 1988, foram distribuídas 800 medalhas de ouro; nos JO do mesmo ano, apenas 1/3 delas. Nos JP de Sidney/2000, havia 15 classes para disputa dos 100 metros rasos no atletismo e apenas uma nos JO correspondentes.

Por outro lado, para Sainsbury (2004), os JP nunca terão uma disputa justa se houver apenas um campeão por modalidade. As classes, para esse autor, são necessárias se o objetivo do movimento paralímpico for se afirmar como meio de oportunidades. O fato de haver vários campeões não chega a ser um problema que diminua o valor de uma conquista paralímpica. Porém, por questões mercadológicas, pode ser interessante certa aproximação desse fenômeno a modelos olímpicos, o que levaria a ocorrência de menos vencedores a ser um objeto mais lucrativo. Ambas as alternativas só terão sucesso se houver justiça na classificação e se os critérios forem claros para o público e os atletas.

Howe e Jones (2006) defendem que a diminuição de classes é um fator fundamental para o desenvolvimento do processo de comercialização do esporte adaptado, mas caem na situação crítica de escolha em que se encontra o esporte em relação a esses processos, pois afirmam que a redução de classes ruma em sentido contrário ao movimento olímpico e paralímpico de inclusão e oportunidade de participação.

No fim da década de 1980 e início da de 1990, foi desenvolvido, pelo alemão Horst Strohkendl, um sistema de classificação que enfatiza o desempenho esportivo específico por grupos de deficiência. Isso significou uma evolução em relação à separação apenas por tipo de deficiência. A natação se vale desse sistema desde 1988, o que reduziu suas classes de 31 para 10 (Penafort, 2001). O basquetebol em cadeira de rodas foi a primeira modalidade coletiva a adotar tal sistema nos JP, em Barcelona/1992 (De Pauw e Gavron, 1995). Porém, apenas em 2004 houve a abertura nessa modalidade a atletas com deficiências diferentes de lesões medulares (Sainsbury, 2004).

Tal sistema mais novo, a classificação funcional, baseia-se na capacidade de movimento e de realização motora do atleta, valorizando o que ele consegue fazer e não apenas o nível e o tipo da lesão (Gorgatti e Gorgatti, 2005). Além disso, fundamenta-se nas habilidades da modalidade específica da qual o atleta participa. Todos os sistemas de classificação, de todos os esportes, valem-se de processos padronizados de análise, agrupamento, distribuição e atuação do classificador. Ou seja, é um processo objetivo, pautado em parâmetros preestabelecidos e em critérios estruturados.

Carvalho (2006) afirma que a classificação médica por tipo de deficiência segrega o atleta, ao passo que a baseada em capacidade minimiza o valor da deficiência em relação às habilidades do atleta, desempenhando um papel de inclusão social mais interessante.

Nesse sistema, atletas com deficiências diferentes podem competir entre si de forma mais justa. Esse processo possibilita maior variação de atletas por prova, otimizando o tempo das competições, reduzindo os custos do evento e tornando o processo mais seletivo e competitivo para algumas deficiências (Penafort, 2001).

Atletas com a mesma deficiência, por exemplo, com lesão no mesmo ponto da coluna, podem ser classificados em grupos diferentes, de acordo com suas habilidades. Embora seja mais abrangente, esse tipo de classificação gera controvérsias. Se, por um lado, divide os atletas de forma mais justa em relação às suas capacidades, por outro, baseia-se nas habilidades deles, o que pode prejudicar aqueles com maior comprometimento (De Pauw e Gavron, 1995).

Fisiologicamente, diferentes deficiências podem responder de formas diversas a um mesmo exercício, provocando desigualdade na disputa quando alocadas na mesma classe (Richter et al., 1992). Por exemplo, atletas com amputação têm limites diferentes dos com paralisia cerebral, pois estes apresentam a espasticidade muscular como complicação, algo que não ocorre no primeiro grupo (Kruimer, 1996). Outra crítica a esse sistema é a chance de o atleta esconder suas capacidades durante a classificação. Um sinal disto é quando muitos acabam sendo reclassificados durante as provas (Richter et al., 1992).

Além disso, pode ser vantajoso para um atleta estar classificado em um grupo com maior comprometimento, não sendo interessante para ele evoluir tecnicamente e sendo confortável ficar no mesmo nível de desempenho, visto que a classificação desconsidera o nível de treinamento do atleta e não sua capacidade funcional de realização motora (Howe, 2004).

Alguns autores (Howe e Jones, 2006) propõem que deveria haver um novo sistema de classificação que conseguisse fazer dos JP um evento mais comercializável, atendendo à necessidade das IOSD de aumentar seu número de participantes em competições, além de facilitar a ocorrência de eventos locais e regionais. Porém, mesmo não sendo o ideal, o sistema atual faz parte de um processo de evolução do esporte adaptado que não se esgotou e ainda se desenvolverá mais.

Os sistemas de classificação são administrados pelas federações específicas, o que gera uma batalha política entre os membros das federações e o IPC (Howe, 2004). O sistema atual – ainda aceito pelo IPC e que estabelece particularidades entre as modalidades esportivas, em razão do processo de formação desse comitê, que herdou determinações das IOSD que o constituíram – é complicado e não mercadológico, pois cria muitos campeões e se baseia em diferentes critérios, dificultando o entendimento do público. Por isso tudo, o IPC pretende controlar e influenciar um sistema único de classificação abrangendo todas as modalidades, assim como o código antidoping, objetivando maior competitividade e aumento do número de atletas por prova (Howe e Jones, 2006). Porém, essa intenção é dificultada, pois cada IOSD e IF busca um sistema de classificação que lhe favoreça. Nesse sentido, um acordo sobre um sistema igualitário a todos fica muito difícil (Howe, 2004).

Os sistemas de classificação são constantemente reavaliados e questionados na busca por promoção do sentido de igualdade e justiça nas disputas. Da mesma forma, por motivos ligados às deficiências que apresentem quadros de evolução, e pela capacidade dos atletas melhorarem seu desempenho motor, os participantes são constantemente reavaliados, antes e durante a competição (Marques et al., 2009). Se seu desempenho não for equivalente à sua classificação, pode ser reclassificado. Há um consenso de que a classificação, como sistema social, deve assegurar que o sistema funcione por meio de mudanças contínuas em suas regras de classificação e avaliação (Wu, Williams e Sherril, 2000).

Esse processo de agrupamento dos participantes de acordo com sua deficiência gera o surgimento de classes, as quais indicam o grau de comprometimento dos indivíduos para participação nas disputas. De forma geral, atletas com deficiência visual são avaliados por critérios médicos, ao passo que os comprometimentos físico-motores são avaliados pelo sistema funcional. Quando um atleta tem mais de uma deficiência, deve escolher em qual classe irá competir (Marques et al., 2009). Se houver necessidade, pode haver agrupamento de classes em um evento, mas isso deve ser usado com cautela (Wu e Williams, 1999).

As classes são definidas por modalidades, têm regras específicas e são determinadas por uma variedade de processos que podem incluir avaliação física, técnica, médica e observações dentro e fora das competições (Comitê Organizador dos Jogos Parapanamericanos Rio 2007, 2007).

A classe de um atleta é expressa por um número que não é transferível de uma modalidade esportiva à outra. Caso ele queira mudar de modalidade, deverá passar por nova classificação. Quanto maior o número da classe de um atleta, menor é o comprometimento dele. Geralmente, esse número é precedido pela inicial da modalidade esportiva em inglês. Na natação, por exemplo, antes dos números tem-se a letra "S", de *swimming*. No caso de modalidades de participação exclusiva de pessoas com deficiência visual, a classe é precedida pela letra "B" de *blind* (cego). A classificação recebida pelo competidor pode mudar durante sua carreira, de acordo com alterações em sua deficiência ou nos parâmetros de avaliação (Comitê Organizador dos Jogos Parapanamericanos, 2007).

Na modalidade natação, por exemplo, têm-se as seguintes classes (Comitê Organizador dos Jogos Parapanamericanos Rio 2007, 2007): S1 a S10 – atletas com deficiência físico-motora; S11 a S13 – atletas cegos e com deficiência visual; S14 – atletas com deficiência intelectual.

As avaliações de deficiência visual, com base no *Guide for the evaluation of visual impairment*, da Organização Mundial de Saúde (OMS), abordam ainda quatro aspectos (Munster e Almeida, 2005): dois relativos ao órgão visual (mudança estrutural ou anatômica e mudança funcional do nível do órgão) e dois relativos à pessoa (alteração nas habilidades do indivíduo e consequências econômicas e sociais).

Porém, a classificação esportiva de atletas com DV respeita três classes, com base em alguns critérios específicos. Em qualquer classificação leva-se em consideração o melhor olho, com a melhor correção óptica possível (Conde 2001):

- B1: desde não percepção de luz, até percepção luminosa, sem haver qualquer reconhecimento da forma de uma mão em qualquer distância ou direção.
- B2: desde a capacidade de reconhecer a forma de uma mão, até a acuidade visual de 2/60 metros e/ou campo visual inferior a 5 graus.
- B3: desde acuidade visual de 2/60 até 6/60 metros e/ou campo visual superior a 5 e inferior a 20 graus.

Caso o atleta tenha índices de visão maiores do que a classe B3, não pode ser considerado com deficiência visual elegível para a disputa (Gorgatti e Gorgatti, 2005). Apenas no judô e no *goalball* não há divisão de classes entre os atletas com DV (Oliveira Filho et al., 2006). Entretanto, no *goalball* os atletas usam vendas para a disputa e, com isso, eliminam o benefício de qualquer resíduo visual. Já no judô, as vendas nos olhos não são adotadas.

Quanto aos atletas com DI, a classificação segue critérios médicos, com base em laudos específicos que consideram raciocínio, memória, percepção visual-espacial, tempo de reação e velocidade de processamento, atenção e concentração e função executiva. Esses fatores formam o que a Inas chama de *Inteligência Esportiva* do atleta (IPC, 2009).

Atletas que fazem parte da CPISRA e IWAS estão sujeitos a testes funcionais de habilidades ligadas a seu cotidiano, medição de velocidade, precisão e amplitude de movimento em relação à função dos membros superiores, inferiores e tronco (Porreta, 2004a).

Atletas com DF, em geral, são classificados com a sigla da modalidade e o número de sua classe. O processo para tal determinação respeita três variáveis (Castro, 2005): natureza e severidade da deficiência; funcionalidade nas habilidades relacionadas ao esporte; e desempenho do atleta observado em competições anteriores.

A classificação dos atletas segue normas específicas dos órgãos reguladores das modalidades esportivas (IPC, IOSD e IF), que racionalizam e representam o componente burocrático desse universo (Marques et al., 2009). Cada organização esportiva tem seu próprio método de classificação e de formação, coordenação e recrutamento de classificadores.

A classificação de atletas pode ser considerada, sociologicamente, uma forma de controle social que delimita a estrutura e o processo de operacionalização do esporte adaptado. Os classificadores são profissionais que atuam como agentes de controle e mantenedores do sistema (Wu, Williams e Sherril, 2000).

Além do médico, no sistema funcional, o especialista técnico passou a fazer parte de todo o processo de classificação. Sua função é analisar o potencial motor do atleta na modalidade específica (Penafort, 2001).

Por separar atletas em disputa, na busca por classes que privilegiem igualdade de condições, esse processo acaba alocando-os de forma a oferecer-lhes mais ou menos condições de vitória, o que pode significar mais ou menos ganho financeiro e simbólico tanto a eles quanto ao patrocinador. A classe em que os atletas são alocados representa um grau significativo em suas possibilidades de bons resultados (Tweedy e Vandlandewijck, 2011). Por mais precisos que sejam os processos de classificação, atletas que se encontram próximos aos limites de entrada em uma classe mais ou menos comprometida podem ser classificados como dos mais comprometidos em sua classe, diminuindo sua chance de vitória, assim como dos menos comprometidos de outra classe, aproximando-o do êxito. Dessa forma, o processo de classificação adquire uma importância em grande escala no esporte paralímpico, dando, consequentemente, enorme poder aos processos e às equipes de classificadores sobre as condições de disputa dos atletas e o poder, à organização das provas, de reunir classes para disputa quando há baixo número de atletas.

Explicita-se, nesse processo, uma forma de capital simbólico desse subcampo: o poder de classificar e ordenar atletas, conferindo-lhe mais ou menos chances de vitória. É nítida a luta pelo controle desse processo, entre IPC, com interesses mercadológicos, e IOSDs, por garantir procedimentos que favoreçam seus atletas.

O controle dos procedimentos de classificação é um exemplo de poder oriundo de capital simbólico ("violência simbólica", Bourdieu, 1989) e de disputa entre grupos e *habitus* diferentes nesse espaço social.

Em uma escala diferente, quem também recebe essa autoridade específica desse subcampo são os classificadores, os quais ainda atuam na elaboração e na transformação das regras de classificação, podendo, também, administrar as formas de distribuição desse capital, visto que a mudança de procedimentos e de critérios deve ser avaliada e autorizada por eles.

Tem-se como exemplo da influência e importância da classificação no esporte adaptado o ocorrido com a atleta brasileira Suely Guimarães, nos JP de Atlanta, em 1996. Pertencente à classe T-55 (amputada dos dois membros inferiores), recordista mundial no arremesso de peso, lançamento de dardo e disco desse grupo, viu-se obrigada a competir com as classes T-56 e T-57, que contavam com atletas em pé e em vantagem técnica, pelo fato de a organização do evento procurar a redução no número de provas. Mesmo com a desvantagem, a brasileira conquistou a medalha de bronze no lançamento de disco, com 2 metros acima de seu recorde mundial na T-55, e também o 4º lugar no arremesso de peso. Essa mesma atleta havia conquistado a medalha de ouro nas três provas nos JP de Barcelona, em 1992, competindo apenas com atletas de sua classe (Alencar, 1997).

Quando está prevista a necessidade de combinação de classes em uma mesma disputa, os NPCs deixam de investir em atletas que seriam prejudicados por isso, não os inscrevendo em eventos. Isso provoca a não realização de algumas disputas esportivas (Howe, 2004). Por tudo isso, a escolha e o treinamento dos classificadores são de suma importância no esporte adaptado, visto que julgam as condições de disputa dos atletas (Penafort, 2001).

Para ser um classificador em uma determinada modalidade, é necessária a realização de cursos específicos, além de estágios em campeonatos, supervisionados por classificadores mais experientes (Tolocka, 2008). Geralmente, esses indivíduos são médicos (para a classificação médica – DV), fisioterapeutas, ex-atletas e outros profissionais ligados ao esporte e dotados de conhecimentos sobre cinesiologia e deficiência (para a classificação funcional) (Paciorek, 2004), além de domínio da língua inglesa. Tanto os classificadores médicos quanto funcionais devem dominar conceitos ligados à deficiência e à modalidade esportiva em questão.

A autoridade específica dos classificadores nesse campo se dá de duas formas: institucional, com base em nomeação nesse cargo, a partir de certificação e trabalho bem executado; e de reconhecimento, pautado na experiência esportiva e profissional (Wu, Williams e Sherril, 2000).

Os classificadores adotam alguns recursos para manter e transformar o sistema de autoridade: conhecimento profissional em sua área de formação, conhecimento dos processos de classificação, experiência de classificação e na modalidade específica. Dessa forma, por ocorrer uma situação de dominação e subordinação, além do reconhecimento de um poder específico ao classificador, tem-se como premissa que ele atue de forma justa, com base em processos e procedimentos protocolares de acordo com as determinações da entidade responsável (Wu, Williams e Sherril, 2000).

Wu, Williams e Sherril (2000) atentam para o fato de a maioria dos classificadores em nível internacional da natação ser europeia; existe um subcomitê no IPC para transformações nos processos de forma mais imparcial. Além disso, os classificadores não avaliam atletas de seu próprio país em competições internacionais.

Há, ainda, um código de conduta de classificadores, segundo o qual eles devem manter os dados sobre os atletas em total sigilo (Wu, Williams e Sherril, 2000).

Nesse processo, técnicos e atletas devem adequar-se às formas estipuladas por esse grupo predominante para que sua participação não seja prejudicada e possa brigar por outro capital simbólico desse espaço, o reconhecimento esportivo. Segundo Wu, Williams e Sherril (2000), se esses agentes quiserem mudar algum critério ou processo, devem estabelecer contato com os classificadores para tais sugestões, o que comprova seu poder.

Para integrar equipes internacionais de classificação esse profissional deve participar sucessivamente de equipes locais, regionais e nacionais. A elite desse processo é formada pelos membros de nível internacional que treinam outros menos qualificados. Classificadores com baixo rendimento podem ser cortados desses quadros (Wu, Williams e Sherril, 2000). Reside nessa hierarquia, mais uma vez, a perspectiva de classes ou grupos sociais de Bourdieu, visto que os classificadores mais experientes têm o poder de autorizar a participação dos mais jovens no processo.

Os países da Ásia, da África, da América Central e do Sul têm dificuldades de desenvolver seus sistemas de classificação, em virtude do baixo número de classificadores e, em alguns lugares, da falta de atletas de alto nível, sendo necessária a contratação, mais cara, de profissionais de outros países (Wu, Williams e Sherril, 2000).

Mello (2001) aponta a necessidade de o setor de classificação do CPB e demais comitês paralímpicos participarem dos processos de avaliação e planejamento de treinamento dos atletas, dada a possibilidade de maximização de tópicos ligados ao desempenho, como a avaliação e a prescrição biomecânica. Além disso, essa proximidade se faz saudável, dada a maior adequação desses atletas aos processos de avaliação e aquisição de habilidades.

Wu, Williams e Sherril (2000) apontam um dado importante a respeito dos classificadores: ao analisarem 21 classificadores da área de natação nos Estados Unidos, constataram que a maioria deles não tinha deficiência.

4.1.2 Componentes do processo de profissionalismo e administração no esporte paralímpico

O profissionalismo de atletas com deficiência não é novo. Já em 1883 havia atletas com DA competindo profissionalmente no beisebol norte-americano (Craft e Liebermann, 2004). Porém, essas ocorrências davam-se em um processo de integração no esporte, quando essas pessoas jogavam entre atletas não deficientes.

O profissionalismo esportivo é um processo irreversível tanto no esporte convencional quanto no adaptado. A partir do século XX, quando houve a criação de um nicho específico para atletas com deficiência, nota-se um processo de profissionalismo crescente nessa prática. Esse processo acaba sendo uma possibilidade de ascensão social e reconhecimento simbólico, nacional e internacional, para o indivíduo. Essa ocorrência pode ser fruto tanto da influência de transformação do esporte moderno em contemporâneo como da necessidade de subsídios para que o atleta possa se dedicar aos treinamentos e práticas exigidas no alto rendimento (Marques et al., 2009).

A chegada do profissionalismo mais acentuado no esporte paralímpico nos últimos anos acabou transformando seu movimento, antes centrado apenas no empoderamento, em uma forma de alcançar esse objetivo, mas com base em perspectivas de mercado e comercialização do esporte. Essa mudança de perspectiva tem aumentado o poder econômico das entidades organizadoras dessa forma de manifestação do esporte (Howe, 2004).

Embora o fomento ao esporte adaptado já tenha sofrido com a instabilidade e a dificuldade financeira (Araújo, 1998a), é possível notar certo crescimento e estruturação nesse aspecto, principalmente no esporte brasileiro.

Assim como no esporte de elite convencional para atletas não deficientes, no esporte paralímpico o máximo desempenho é observado em países de primeiro mundo e em outros emergentes, embora as oportunidades de participação para nações mais pobres esteja aumentando (Castro, 2005).

Indícios de que o profissionalismo já se instaurou no esporte paralímpico e de que esse realmente se encontra no *status* de alto rendimento verificam-se com a presença de atletas estrangeiros naturalizados para atuar em seleções nacionais de outros países (Howe, 2004) e na estrutura montada para avaliação e controle de treinamento de atletas brasileiros participantes dos JP de 1996, em Atlanta, e de 2000, em Sidney, por intermédio do CPB. Tais equipes de avaliação contaram com profissionais específicos para avaliar inúmeros aspectos: médicos, psicológico, antropométrico, composição corporal, biomecânicos, exames laboratoriais, cardiológico, fisiológico, padrão de sono, diagnósticos de imagem, suplementação alimentar, controle de *doping* (Alencar, 1997; Mello, 2001; Costa e Santos, 2002).

Segundo Alberto Costa (2009b), em palestra no III Congresso de Ciências do Esporte, realizado em 2009, na cidade de Campinas/SP, o Brasil se encontra em uma situação ainda não definitiva em relação ao profissionalismo. Muitos vivem de bolsas vinculadas ao desempenho competitivo. Os técnicos não são profissionais para o esporte paralímpico: são voluntários, ou recebem de outras fontes, ou são pagos como treinadores pessoais pelos atletas.

Segundo o mesmo autor, na Espanha a situação é parecida, com cada federação buscando financiamento próprio. Nesse país é dado certo privilégio ao esporte de lazer por parte do governo; o profissionalismo ainda não é completo.

O capital econômico tem grande importância em qualquer prática esportiva de alto rendimento, sendo este um fator que possibilita a melhoria dos processos de preparação e competição. Para sua geração e captação é preciso que o fenômeno esportivo seja visto como um produto capaz de gerar receita, atrair empresas investidoras e possibilitar avanços.

O interesse comercial no esporte se pauta pela proximidade deste com espectadores que se tornam clientes consumidores e o desejo de empresas de se aproximarem dessas pessoas para vender seus produtos (Howe, 2004). Essa necessidade de geração de lucros aumenta a importância do resultado, da vitória. Assim, é esta que garante a sobrevivência esportiva, e até econômica, do atleta (Howe e Jones, 2006). Nesse sentido, a capacidade de geração de receitas e investimento das equipes tem se mostrado um fator de diferença de desempenho entre elas.

Tem-se percebido que as constantes melhoras de desempenho de atletas no esporte paralímpico se devem, em parte, à evolução tecnológica, que permite melhor aparelhamento dos atletas; aos avanços médicos, propiciando novos meios terapêuticos; e também às teorias de treinamento esportivo, que seguem, em grande parte, conceitos ligados ao esporte convencional (Howe, 2004; Brittain, 2010). Nota-se que, em todos esses fatores, há a necessidade de maiores investimentos e de posse de capital econômico considerável, algo que já é necessário nessa esfera do esporte, se o atleta busca um bom desempenho no alto rendimento. Assim, em países com menor capacidade de investimento em novas tecnologias, o avanço científico ligado a métodos de treinamento e preparação de atletas torna-se uma saída para a busca por desenvolvimento esportivo.

Embora avanços tecnológicos melhorem os desempenhos de atletas com deficiência, até aproximando-os de índices de outros do esporte convencional, o acesso a essas melhorias ainda é desigual, diante da distribuição econômica heterogênea. Uma melhor cadeira de rodas, por exemplo, possibilita melhores condições de participação em uma prova de atletismo, inclusive de uma pista com piso sintético. A maioria dos atletas de países pobres ou em desenvolvimento não tem acesso aos avanços tecnológicos. Tal situação causa certa exclusão desses indivíduos e pode impedir que surjam novos talentos paralímpicos (Howe, 2011).

Outra questão também ligada a essa tecnologia é o risco da normatização dos corpos e a quase construção de *cyborgs*, mudando as formas de empoderamento e capacidade de realização atlética do indivíduo, embora haja o ponto positivo da diminuição de lesões (Howe, 2004). O corpo *cyborg* no esporte paralímpico é valorizado e celebrado, pois, além de se tornar mais eficiente, as tecnologias normalizam as potencialidades (Howe, 2011).

O avanço tecnológico no esporte é consequência da busca destacada por resultados atléticos e comerciais na sociedade contemporânea. Atletas que usam cadeiras de rodas ou próteses são potenciais consumidores, pois só assim poderão competir em condições de igualdade (Howe, 2011). Ao mesmo tempo, tem-se a oferta de tais produtos para o público com deficiência em geral. A criação dessas novas tecnologias e o estímulo à sua comercialização para não atletas pode transformar o esporte paralímpico, se já não o fez, em uma espécie de Fórmula 1 (categoria de corridas de automobilismo), em que montadoras desenvolvem e testam novas tecnologias que virão a ser comercializadas, o que atrai novos patrocinadores e investidores ao esporte (Howe, 2004).

Embora haja um processo de profissionalismo muito presente no esporte adaptado, muitos atletas ainda treinam por conta própria e acumulam prejuízos financeiros durante sua carreira (Wheeler et al., 1999). Como consequência disso, uma das grandes dificuldades para eles se coloca no alto custo de alguns equipamentos específicos e imprescindíveis para a prática. O que deixa esses utensílios ainda mais caros é sua durabilidade, que em alguns casos não é grande, e a necessidade de desenvolvimento sob medida para o atleta, sua modalidade e até função, como no caso das próteses (De Pauw e Gavron, 1995).

Nesse sentido, os patrocínios e os apoios são fundamentais para atletas de elite, pois, além da necessidade de dedicação ao esporte como profissão, os atletas necessitam, em alguns casos, de estrutura mais bem apropriada que os não deficientes. A parceria privada se faz de grande importância nesse processo. Porém, segundo De Pauw e Gavron (1995), o esporte adaptado ainda tem muito menos empresas envolvidas como patrocinadoras do que o esporte convencional.

É possível notar que entidades organizadoras do esporte paralímpico seguem as mesmas lógicas de *marketing* e captação de recursos de outras ligadas ao esporte convencional. Segundo Howe e Jones (2006), o IPC coloca-se como um expoente nesse processo, transformando o esporte paralímpico em um produto atrativo a ser comercializado por altos valores, o que acaba influenciando a ação de comitês nacionais e de outras entidades ligadas ao movimento paralímpico.

A principal mudança de *habitus* de uma instituição amadora que se torna profissional é o processo de reorganização para operar em empreendimentos comerciais, tanto em relação à sua forma de administração quanto de preparação de atletas (Howe, 2004). E é isso o que vem acontecendo com algumas das principais entidades organizadoras do esporte paralímpico nos últimos anos.

Como exemplo de ações ligadas à busca pela comercialização otimizada dos JP, tem-se a busca por redução de classes de disputa por meio de um novo sistema de classificação que possibilite a ocorrência de menos campeões, evitando a inflação de medalhas, o que desvaloriza a vitória e permite uma compreensão facilitada do público em relação aos Jogos. Em alguns casos, os atuais sistemas confundem o espectador, influenciando na capacidade de mídia e de mercado do esporte (Schantz e Gilbert, 2001; Howe e Jones, 2006).

É preciso que o movimento paralímpico torne-se mais atrativo comercialmente, aproximando-se da mídia e da imprensa, de forma geral, para crescer em patrocínio e verba. Isso pode ser visto no fato de, em alguns países, como o Brasil, o movimento paralímpico ainda ser sustentado, em grande parte, por financiamentos governamentais. Enquanto o movimento olímpico baseia-se em verbas privadas, o paralímpico precisa avançar nesse sentido.

Porém, é necessário cuidado nas mudanças e nas adaptações mercadológicas para que os eventos não percam o caráter de empoderamento e aceitação de diferentes atletas com deficiência, inclusive os mais comprometidos (Schantz e Gilbert, 2001). Esse caráter deve ser mantido, pois é a principal identidade dos JP e o expoente do movimento paralímpico. Sem a exposição das diferenças e das capacidades específicas, o esporte adaptado iguala-se demais ao convencional, perdendo sua riqueza e valor.

Para Landry (1995), o esporte paralímpico tem experimentado grande crescimento e sucesso. Pode-se concordar com essa afirmação e apontar que isso se deve, em grande parte, a um constante aumento da condição espetacular do objeto, em muito possibilitada pela ação do IPC em aproximar-se do IOC, o que facilitou contatos e incorporou não só a imagem, como ganhos antes apenas vinculados aos Jogos Olímpicos. A emenda do acordo entre IPC e IOC, realizada em 2003, referente a repasses de direitos de imagem do segundo para o primeiro, determina que os direitos de transmissão e responsabilidade de *marketing* dos JP de 2008, 2010 e 2012 é do Comitê Organizador de ambos os Jogos, ligado a cada cidade-sede. Mediante acordos como esse, o IPC tem seus negócios financeiros facilitados, podendo investir no crescimento do esporte para pessoas com deficiência. Porém, a desvantagem é que ficam dificultadas ações de educação da população em relação à atividade física adaptada, visto que as ações de *marketing* de ambos os Jogos são as mesmas (Howe e Jones, 2006).

Pode-se ratificar ainda a importância de ações como essa, visto que a arrecadação do IPC baseou-se, no ano de 2005, em (IPC, 2005): direitos de imagem dos JP (60%); concessões e doações (20%); patrocínios e apoios (17%); e outras fontes (3%). Dessa forma, é possível afirmar que a mídia tem grande importância no processo de desenvolvimento do esporte paralímpico, embora ainda seja pouco explorada na divulgação desse objeto. Para Schantz e Gilbert (2001), a cobertura da mídia em relação aos JP, comparada aos JO, é quase inexistente.

Porém, mesmo da forma como ocorre, a mídia ligada ao movimento paralímpico está em crescimento e exerce certa influência tanto no campo econômico quanto no cultural, inclusive no Brasil. O ponto mais positivo dessa relação é a apresentação à sociedade contemporânea das potencialidades das pessoas com deficiência, o que pode mudar o olhar sobre as limitações e facilitar processos de reinserção social. Nesse sentido, atletas paralímpicos tornam-se exemplos para as pessoas com deficiência sedentárias, como incentivo à procura pelo esporte (Brazuna e Castro, 2001).

Diferentemente da cobertura olímpica, em que comprometimentos físicos são catástrofes, na paralímpica são uma possibilidade de apresentação, pouco explorada, de novas perspectivas de ação e patrocínio (Schantz e Gilbert, 2001). Nesse sentido, a mídia, muitas vezes, ressalta os atletas paralímpicos como bravos, corajosos, agregando valores além da esfera esportiva. Isso possibilita ainda que estes indivíduos possam se expressar como de fato são, sendo admirados pelo que podem fazer (Gold e Gold, 2007). Porém, nesse processo, o caráter de alto rendimento e busca por alto rendimento ainda não é destacado pela imprensa como seu foco principal nos JP (Howe, 2004).

Quanto à forma de tratamento dado pela mídia aos JP, as opiniões são distintas. Davies e Ferrara (1995) apontam que, a partir da década de 1990, tem-se dado mais atenção ao *desempenho* de atletas do que à deficiência. Porém, Gold e Gold (2007) discordam dessa afirmação alegando que, por muitas vezes, a mídia prefere destacar atos de coragem, bravura e superação dos atletas, relacionados à deficiência, do que seus resultados esportivos. Schantz e Gilbert (2001), por sua vez, apontam que atletas paralímpicos preferem ser referidos em notícias pelos seus feitos atléticos e não por suas deficiências.

A mídia tradicional tende a descrever os feitos dos atletas paralímpicos de forma relativamente coerente com o modelo médico de deficiência. Eles são tratados como vítimas ou como pessoas corajosas que superam o próprio sofrimento para participar de um evento esportivo. Essa tendência da mídia desperta o sentimento de compaixão e não de admiração do público pelos atletas, o que fortalece o preconceito e a discriminação (Novais e Figueiredo, 2010).

O esporte paralímpico vive um processo de profissionalização e a presença positiva da mídia nessa fase é fundamental, pois sem divulgação não há investidores. Porém, não é no mundo todo que isso ocorre.

Durante os JP de 1996, a cobertura da imprensa da França e da Alemanha deu pouco destaque aos acontecimentos em suas especificidades, destacando apenas o quadro de medalhas. Isso talvez tenha ocorrido pelo pequeno espaço destinado a essa forma de manifestação esportiva nos jornais. Quando houve especificidade, essa não foi associada a aspectos técnicos, mas, sim, a escândalos, problemas, questões tecnológicas (Schantz e Gilbert, 2001).

Nos Estados Unidos existe uma cobertura midiática maior para as Olimpíadas Especiais do que para os Jogos Paralímpicos (De Pauw e Gavron, 1995). Os JP de 2004 foram transmitidos nesse país aproximadamente dois meses depois de seu encerramento, posteriormente à cobertura estendida dos JO. Essa apresentação dos JP consistiu de duas horas de reprises sobre os 11 dias de competições (Nixon, 2007).

Já na Grã-Bretanha, a cobertura midiática dos JP é maior. Em 2004, a BBC emitiu um programa diário de notícias e boletins dos JP, oferecendo o mesmo tratamento profissional que aos JO (Sainsbury, 2004).

As esferas de análise: classificação de atletas, profissionalismo e administração do esporte paralímpico

Em Portugal, apesar da evolução do esporte paralímpico, principalmente em relação ao profissionalismo, as competições para pessoas com deficiência têm apresentado quase ausência total de público e não tem a divulgação necessária por parte dos meios de comunicação. A mídia valoriza, mesmo nos JP, apenas os resultados e o quadro de medalhas, fazendo ainda uma comparação entre atletas olímpicos e paralímpicos (Pereira, Silva e Pereira, 2006).

Essa comparação direta pode se configurar como algo equivocado, pois desconsidera as diferentes condições de prática e disputa, inclusive o número de medalhas oferecidas entre os Jogos em algumas modalidades, como a natação, com 32 nos JO e 160 nos JP. Porém, são as comparações entre esses eventos que acabam ajudando a melhor divulgar o esporte paralímpico, mesmo com esses equívocos.

A mídia portuguesa usa os atletas paralímpicos como exemplo de dedicação e superação. Não há um trabalho para a criação de ídolos e a comercialização dos nomes destes (Carmo, 2006).

Quanto à cobertura midiática brasileira aos JP, tem-se que em 1996, quatro jornais viajaram a Atlanta a convite do CPB, assim como uma rede de televisão contratada pelo mesmo órgão. Houve ainda um jornal – "Rumo a Atlanta" – e duas revistas editadas pelo CPB durante os Jogos (Alencar, 1997). Costa (2001) aponta que a atividade física adaptada tem recebido certo espaço na mídia brasileira depois dos JP de 2000. Porém, esse espaço ainda é pequeno em relação ao esporte e às formas de atividade física convencionais.

Para os JP de 1996, 2000 e 2004, o CPB pagou a viagem da imprensa brasileira como forma de investimento na divulgação do esporte paralímpico (Costa, 2009b). Já para os JP de 2008, em Pequim, o Brasil, que disputou 17 das 20 modalidades esportivas, teve, em âmbito mundial, a maior equipe de jornalismo e comunicação, assim como o maior tempo de transmissão até o momento nos Jogos. A televisão fechada fez transmissões diretas de jogos e provas individuais. No país, a televisão tem colaborado para o aumento do número de praticantes de esporte para pessoas com deficiência (Costa, 2009a).

Embora o Brasil apresente uma boa participação da mídia no esporte paralímpico em relação ao resto do mundo, Florence (2009) aponta que 18 medalhistas brasileiros nos JP de 2004 alegam que, em relação aos JP, a imprensa só cobre grandes eventos, destaca apenas as medalhas de ouro e prioriza a transmissão de JO.

Pode-se, então, questionar: será que o público em geral não se interessa pelo esporte adaptado e por isso este tem pouco espaço? Ou é o esporte adaptado que não oferece retorno financeiro aos meios de comunicação, dificultando sua presença na mídia? Ou é a mídia que não o divulga, dificultando a ligação com o público? Novais e Figueiredo (2010) apontam que, na imprensa portuguesa e brasileira, o número de notícias referentes ao esporte paralímpico é menor, tanto em número absolutos quanto à proporcionalidade do número de conquistas de medalhas em relação ao olímpico.

Um dos motivos do desinteresse da mídia pelos JP é a presença de corpos desvinculados dos padrões de beleza da sociedade contemporânea. As modalidades em cadeira de rodas são mais valorizadas do que outras, pois não só representam uma imagem estereotipada da pessoa com deficiência, mas ainda possibilitam atletas com corpos mais próximos dos padrões sociais. Outro exemplo disso é o fato de que atletas com paralisia cerebral não foram tratados em nenhum artigo sobre os JP de 1996 na imprensa alemã ou na francesa. Nesses casos, a prioridade sempre foi dada aos cadeirantes (Schantz e Gilbert, 2001). Quanto menos visível a deficiência, maior a probabilidade de a notícia ser ilustrada com uma fotografia do atleta. A pessoa com deficiência não é valorizada do ponto de vista estético (Howe, 2004; Pereira, Silva e Pereira, 2006).

O *marketing* esportivo paralímpico valoriza o "capital físico" do ponto de vista do desempenho e da estética. Nesse sentido, existe o interesse, por parte do IPC, na redução de classes e na disputa entre deficiências, o que privilegiaria sujeitos com menos comprometimentos (Howe, 2004).

O esporte paralímpico tem de se fazer interessante para o público e a mídia. Segundo Bourdieu (1997), a notícia tem de ser vendida ao público e, por isso, a mídia acaba priorizando assuntos que atraiam mais pessoas. Logo, o esporte para pessoas com deficiência tem de se transformar sempre em algo mais interessante e atraente do ponto de vista comercial. E o IPC tem atuado de forma importante nesse sentido, por exemplo, na busca pela redução de classes de disputa.

A desvalorização dos JP em relação aos JO, por parte da mídia, dificulta o crescimento e o objetivo do primeiro (de divulgar feitos e inspirar pessoas e, claro, de comercializar seus produtos), além de marginalizar os atletas com deficiência a um segundo plano em relação aos olímpicos (Schantz e Gilbert, 2001; Pereira, Silva e Pereira, 2006).

O esporte paralímpico no Brasil

Outro ponto que oferece dificuldade aos atletas paralímpicos é o fim de sua carreira, sua aposentadoria. Embora a vida útil no esporte de um atleta paralímpico (por volta de 20 anos) seja maior que a de um olímpico (Howe, 2008b), durante sua vida atlética os processos de profissionalismo nem sempre garantem um ganho financeiro capaz de estruturar a sua vida para o momento em que não há mais condições de prática esportiva em alto rendimento. Isso é um problema, pois a dedicação exigida pelo esporte de elite dificulta que o atleta tenha outras atividades remuneradas durante sua vida esportiva. Quando isso ocorre, os processos de treinamento ficam prejudicados.

Soma-se a isso o fato de que poucos atletas do esporte de elite com deficiência se preparam econômica ou emocionalmente para a aposentadoria. Uma minoria recebe alguma informação a respeito do assunto, por meio das entidades de organização esportiva. Esse processo caracteriza-se como o fim de uma dependência, o esporte, e por isso muitos a temem (Castro, 2005).

Em um estudo com atletas aposentados canadenses, norte-americanos, israelenses e britânicos, Wheeler et al. (1999) demonstraram que nenhum entrevistado alega ter se preparado para a aposentadoria. Além disso, a maioria mostrava preocupação e depressão por não ser mais lembrado em eventos e não encontrar mais colegas do esporte para conviver e trocar experiências.

Atletas apresentam diversos motivos para a aposentadoria, desde invalidez e fadiga até queda de desempenho, mudança de prioridades na vida e a necessidade de grande investimento na carreira esportiva. Assim, a saída do esporte traz para o atleta a sensação de ser excluído de seu ambiente. Simboliza o fim de um sonho (Castro, 2005). Poucos atletas com deficiência fazem uma transição satisfatória para a aposentadoria. Quanto mais ele se distanciou da vida social durante a carreira, maior a dificuldade de se aposentar (Wheeler et al., 1999).

Com a aposentadoria, atletas demonstram desde sentimentos de conforto até de raiva, depressão, porque durante a carreira abrem mão de outros aspectos da vida e a saída da rotina esportiva promove a perda da identidade de atleta para a de pessoa com deficiência (Castro, 2005). Além disso, a dedicação na vida de atleta cria expectativas referentes a retornos financeiros e/ou profissionais pós-carreira (Wheeler et al., 1999).

A reinserção em outras funções no esporte, como técnico ou administrador, é a principal estratégia de ajuste social e emocional adotada por atletas aposentados brasileiros (Brazuna e Castro, 2001). Há um início de trabalho do CPB no sentido de auxiliar a reinserção social de ex-atletas, contribuindo com sua formação profissional.

Em outros lugares do mundo, porém, como Canadá, Estados Unidos, Grã-Bretanha e Israel, os atletas não recebem auxílio ou orientação das instituições de organização esportiva, visando à sua aposentadoria. Além disso, reclamam que isso é agravado pelo fato de que as entidades são gerenciadas apenas por pessoas não deficientes e, por isso, funcionam em seu próprio benefício (Wheeler et al., 1999).

Reside nessa informação um aspecto importante, a presença de pessoas com deficiência em instituições de organização do esporte paralímpico. Essa é a terceira esfera a ser explorada neste trabalho e diz respeito à identidade de grupo, por parte dos atletas e dos envolvidos de forma geral, além do acesso desses indivíduos a posições de poder no subcampo.

É curioso analisar que os atletas investigados por Wheeler et al. (1999) atribuem, até certa medida, os problemas de falta de assistência à ausência de uma pessoa com deficiência na gerência esportiva, independentemente do perfil e da competência de quem exerce tal função ou venha a exercê-la. Além disso, segundo os mesmos autores, são poucas as pessoas com deficiência atuando como classificadores, sendo esta, inclusive, mais uma posição de poder no esporte paralímpico.

Encerrando o tópico do profissionalismo ligado ao esporte paralímpico, tem-se uma questão que ratifica a ideia de esporte de alto rendimento e rotula essa forma de manifestação esportiva como uma disputa ligada a um sentido oficial, motivada, inclusive, por razões financeiras, o *doping*.

O IPC, com o IOC, busca banir o *doping* do esporte, visto que essa é uma artimanha que anula o princípio de igualdade de condições na disputa e superestima a capacidade de ação do atleta por vias não naturais ou dependentes apenas de seu esforço e treinamento. Ambos os órgãos agem com a Agência Mundial Antidoping (WADA) no combate a essa prática.

As listas de substâncias e procedimentos avaliados nas provas de *doping* dos atletas paralímpicos são quase as mesmas de atletas olímpicos (Cidade e Freitas, 2002). Há, porém, algumas pequenas diferenças em relação à aceitação de medicamentos, visto que o esporte paralímpico exige-os em algumas situações (Vandlandewick, 2006).

Por essa razão, Richter (1996) defende que o IPC deveria ter um código antidoping próprio, pois há substâncias banidas pelo IOC que, em alguns casos, podem ser usados por atletas com deficiência como forma legítima de manutenção da saúde e, por isso, para esse autor, não podem ser considerados *doping*. Como exemplo, ele cita a Propoxyphene, que causou a perda da medalha de ouro da equipe dos Estados Unidos de basquete em cadeira de rodas em 1992, e é usado como tratamento por pessoas com lesões medulares.

Hoje, já existem certos protocolos aceitos pela WADA, referentes à medicação terapêutica no esporte adaptado. Logo, a questão do *doping* no esporte paralímpico se apresenta muito mais complexa do que no convencional. Isso ocorre pelo processo de crescimento da profissionalização e do reconhecimento, pela busca pelo maior número de medalhas em disputa, pela crença de que é mais fácil ser campeão paralímpico do que olímpico e pela real necessidade de adaptação de práticas aos atletas com deficiência.

Essas questões são fruto do esporte profissional e continuam sem solução imediata. Mas simbolizam que o esporte paralímpico, embora sem envolver as mesmas quantias em dinheiro, pode ser considerado tão profissional e tão esporte de elite quanto o olímpico.

Assim como no esporte convencional, há, no combate ao *doping* paralímpico, um grande investimento por parte das entidades de organização esportiva.

Resultados e discussão: o subcampo do esporte paralímpico brasileiro

onforme descrito na introdução deste trabalho, a seleção, a análise e a interpretação dos dados coletados em campo seguiram as ferramentas do método "Discurso do Sujeito Coletivo", proposto por Lefévre e Lefévre (2005). Neste processo, alguns passos foram seguidos na busca por selecionar e separar ideias e posicionamentos dos indivíduos que direcionassem a análise a ser percorrida na pesquisa.

Com base no uso das IAD propostas pelo método, foram construídos três discursos coletivos (classificação de atletas; profissionalismo no esporte paralímpico; e presença de pessoas com deficiência em órgãos de administração do esporte paralímpico), contendo as ideias, os posicionamentos e as opiniões dos sujeitos. Embora cada um dos entrevistados estivesse, na época da pesquisa, envolvido com destaque em determinada esfera de investigação deste trabalho, alguns temas foram transversais em relação às discussões feitas. Isso ocorreu porque atuam em atividades de administração e/ou coordenação do CPB. Cabe destacar que, para efeito de discussão sobre *habitus* e grupos sociais neste livro, os sujeitos 1 e 2 são pessoas não deficientes e os sujeitos 3 e 4, pessoas com deficiência.

Desse modo, a apresentação e a discussão dos dados, baseada na contraposição com outras informações coletadas em referencial teórico, seguirão a partir da relação de tais discursos e seus conteúdos com conceitos ligados à obra de Pierre Bourdieu, para compreensão desse espaço social.

5.1 Classificação de atletas

O primeiro tema tratado nas entrevistas, em relação ao universo da classificação de atletas paralímpicos no Brasil, abordou questões ligadas à formação, ao treinamento e ao recrutamento de classificadores. Os poucos sujeitos que atuam nessa área formaram-se no exterior, visto que os processos de capacitação e treinamento de classificadores no Brasil é bastante recente. Por essa razão, o sujeito 1 (S1) aponta que o CPB tem promovido cursos de formação de classificadores em diferentes modalidades. Para participar desses cursos, financiados com verba do CPB e apoio do Comitê Paralímpico Internacional (IPC) (são considerados caros e, por isso, devem ser aplicados só a candidatos a classificadores que realmente irão atuar na área), o interessado deve se inscrever em sua região, pois um dos interesses dos formadores é que haja classificadores formados em todas as regiões do Brasil, como aponta S1. Além do curso, existe ainda um estágio de observação de um ano.

Segundo Castellano (2001), a responsabilidade dos classificadores no esporte paralímpico é muito grande, por interferir diretamente na composição das equipes, na condição de disputa e até na motivação dos atletas, que podem sentir-se prejudicados com o resultado da avaliação.

Nesse sentido, pode-se notar grande preocupação do CPB em relação a uma formação de boa qualidade de classificadores, com base no exposto por S1, que aponta uma posição muito clara em relação ao tema. Segundo descrito, a ideia do CPB é que sem bons classificadores a chance de melhora do nível dos campeonatos e atletas fica bastante comprometida. Quanto melhor a formação, maior a chance de desenvolvimento do esporte no país. Por isso existe, conforme apontado pelo mesmo entrevistado, a busca por processos profissionais de formação e atuação dos classificadores.

Essa preocupação do CPB se confirma e justifica na literatura. Os classificadores são profissionais que atuam nesse meio como agentes de controle e mantenedores do sistema (Wu, Williams e Sherril, 2000). Por isso, a escolha e o treinamento desses indivíduos se colocam como questões de suma importância no esporte adaptado, visto que têm caráter de julgamento sobre as condições de disputa dos atletas (Penafort, 2001).

A criação desses cursos demonstra uma intenção do CPB de entrada na disputa pelo controle dos processos de formação e recrutamento de classificadores, o que pode simbolizar uma forma de capital simbólico no subcampo. Com o oferecimento de uma formação de maneira formal e científica, o CPB transforma a compreensão sobre essa forma de bem no subcampo, mudando, inclusive, os caminhos para que os sujeitos o alcancem. Dessa maneira, consegue maior domínio sobre as formas de distribuição e posse desse capital. Fica explícita a tentativa de entrada do "novo" (CPB) para ocupar o lugar do "velho" (classificadores mais antigos e anteriores cujos processos de formação não são sistematizados como os dos novos agentes) no espaço social, sendo essa uma das características de disputa em campos sociais, como cita Bourdieu (1983).

Outro ponto abordado foi a possibilidade de treinamento de classificadores para atuarem junto a equipes. Nesse sentido, S1 aponta que esses indivíduos têm grande importância na orientação a técnicos e atletas durante os processos de treinamento e competição. Além disso, quando um país tem classificadores experientes e reconhecidos, passa a ser mais respeitado em competições e em processos de classificação, para efeitos de questionamentos e recursos.

Fica nítido, mais uma vez, que o conhecimento sobre os conteúdos e procedimentos que envolvem os processos de classificação configura-se como um capital simbólico altamente valorizado nesse espaço social. Segundo Wu, Williams e Sherril (2000), o reconhecimento social dos classificadores nesse espaço também se dá de forma institucional, por nomeação nesse cargo, mediante certificação e trabalho bem executado, e por reconhecimento, pautado na experiência esportiva e profissional dos classificadores.

Os cursos coordenados pelo CPB seguem as normas e os padrões do IPC. De forma paralela a esse meio de formação, S1 aponta que existem processos ligados a IOSD que, embora adotem os mesmos protocolos, apoiam-se em filosofias diferentes, sendo o IPC, apontado pelo entrevistado, o mais rígido. Segundo Castellano (2001), o sistema de classificação, historicamente, dá margens a avaliações superficiais e à tomada de critérios individuais de acordo com o órgão e o estilo de formação de cada classificador. Desse modo, a subjetividade não está na capacidade de interpretação do indivíduo que faz a avaliação, mas, sim, na forma de atuação que o órgão formador adota, ensina e exige dele.

Quanto ao recrutamento de classificadores e à organização dos processos de avaliação em competições, S1 destacou que tais decisões cabem às entidades organizadoras dos eventos, embora os protocolos adotados sejam os mesmos. Segundo o entrevistado, em modalidades esportivas coordenadas pelo IPC, o controle no Brasil é todo do CPB. Em modalidades comuns entre IPC e IOSD, essa gerência sobre a classificação de atletas depende de quem se responsabiliza pelo evento. Em modalidades sem controle do IPC, o CPB não interfere.

Foi apontado, com bastante destaque por S1, a necessidade e o empenho do CPB em formar classificadores em todas as regiões do Brasil. Segundo ele, isso se justifica, pois principalmente as regiões Norte e Nordeste carecem de profissionais formados para essa função. Por isso, esse é o foco do curso, inicialmente. Foi apontado ainda que existe um interesse de manter o cursista atuando em sua região, primeiro como classificador regional, depois nacional e internacional, mas sempre sem romper os vínculos com seu local de origem.

O critério usado para o recrutamento e a seleção de classificadores é baseado na vivência da pessoa com o esporte e sua ligação, até formal, com este, além, claro, de seu desempenho no curso de formação. S1 apontou, ainda, que a obtenção desse vínculo esportivo é mais fácil de ser observado entre médicos, que atuam na classificação de atletas com DV. Cabe destacar que a procura pelos cursos tem aumentado, principalmente por pessoas que não têm ligação prévia com o esporte. Isso é um problema, pois a ausência desse vínculo dificultaria muito seu bom desempenho na função pretendida.

No Brasil, segundo S1, há uma tendência por recrutamento regionalmente, com base no local de cada competição. Porém, em alguns lugares, ainda não há pessoal qualificado, o que obriga o deslocamento de outros profissionais, encarecendo os processos.

Nota-se que a formação, a capacitação e o conhecimento sobre esporte são elementos-chave para o recrutamento de um classificador. Nesse sentido, é possível relacionar tais aspectos a formas de capital cultural e simbólico do subcampo, como componentes do *habitus* esperado de um indivíduo que venha a atuar nessa função. Inclusive, tais pré-requisitos tornam-se componentes de certa diferenciação social entre sujeitos aptos e não aptos para a entrada no grupo de classificadores no Brasil.

Outro tema tratado na coleta de dados foi o desenvolvimento e a aplicação de protocolos de classificação. Segundo S1, os procedimentos atuais foram desenvolvidos pelas IOSD e padronizados pelo IPC, e devem ser empregados do mesmo modo em qualquer que seja o local e a competição. Porém, tais guias de ações foram desenvolvidos com base em características de atletas europeus e norte-americanos. Segundo S1, isso acarreta alguns problemas para outros países, como o Brasil, que apresentam características de deficiência diferentes, que não são abordadas com a importância necessária nos protocolos ou acabam sendo prejudicadas nos resultados.

Quanto a essa situação, Howe (2008b) aponta que a participação das IOSDs e de atletas na elaboração de processos de classificação é falha. Primeiro porque há pouca comunicação entre atletas e administradores. Segundo, porque há poucos representantes de entidades de países orientais, por exemplo, o que elitiza os protocolos com base em uma perspectiva de padrões do Ocidente.

Porém, além da Ásia, países ocidentais da África, da América Central e do Sul também apresentam dificuldades de desenvolvimento de seus sistemas de classificação em virtude do baixo número de classificadores e, em alguns lugares, à falta de atletas de alto nível, fazendo-se necessária a contratação, mais cara, de profissionais de outros países (Wu, Williams e Sherril, 2000), o que dificulta a adaptação dos protocolos a outras realidades.

Wu, Williams e Sherril (2000) atentam para o fato de a maioria dos classificadores em nível internacional da natação ser europeu. Embora exista um subcomitê no IPC para transformações nos processos de forma mais imparcial, ainda prevalece uma tendência direcionada. Tal quadro de tendências específicas dos protocolos também se manifesta no Brasil, segundo S1, entre diferentes regiões, com características diversas em relação a quadros de deficiência.

Nesse sentido, S1 propõe a necessidade de adaptação dos protocolos, mas com embasamento científico. E, segundo o entrevistado, isso é responsabilidade de acadêmicos desses países prejudicados. Mas, mesmo assim, o entrevistado afirma que as propostas direcionadas aos órgãos internacionais até agora são escassas.

Mais uma vez, fica explícita a disputa pelo capital simbólico ligado ao domínio sobre os protocolos e os processos de classificação. A presença e a influência mais acentuada de classificadores europeus e norte-americanos levam a uma tendência de direcionamento dos processos em um sentido mais próximo à realidade desses países. Cria-se, então, uma disputa nesse espaço ligada à tentativa de outros países, com base em fundamentação teórica e científica, com a intenção de adaptar os protocolos às suas características também.

Assim, o poder relativo ao desenvolvimento de protocolos, que está vinculado a certa capacidade científica e capital cultural, ganha em importância e solidifica-se como capital em disputa no subcampo. Torna-se importante a capacidade de propor formas de adequação dos processos de classificação às realidades próprias, como o poder de decisão diante dos protocolos. Assim, essa capacidade pode ser tida como um capital simbólico desse campo, que atribui certa autoridade específica ou violência simbólica (Bourdieu, 1989) para os indivíduos que interferem diretamente nos protocolos.

Os sistemas de classificação são administrados pelas federações e organizações específicas (IF e IOSD), o que gera uma batalha política entre os membros dessas entidades e o IPC (Howe, 2004). Nesse sentido, o IPC busca protocolos que tornem o esporte mais mercadológico, com redução de classes de disputa, ao passo que as organizações e as federações procuram processos que os privilegiem (Schantz e Gilbert, 2001).

Tal quadro gera certa tensão entre IPC e IOSD. Por isso tudo, o IPC tenta controlar e influenciar um sistema único de classificação, abrangendo todas as modalidades, assim como o código antidoping, objetivando maior competitividade e aumento do número de atletas por prova (Howe e Jones, 2006).

A posse pelo controle dos protocolos de classificação fica ainda mais nítida como uma forma de capital do subcampo, sendo motivo de tensões entre os agentes. Com base nesse quadro, a respeito da relação entre CPB e IPC, e CPB e organizações esportivas brasileiras, S1 foi categórico ao afirmar que não existe nenhum tipo de tensão no Brasil. Ele justifica tal afirmação, apontando que não há motivos para tais disputas, pois diz que o CPB segue, claramente, os padrões do IPC.

Como o CPB toma uma posição muito clara em relação aos processos de classificação, ele investe e prepara pessoas para atuarem diretamente em seus eventos sob os processos do IPC, segundo S1. Se é que existe algum tipo de afastamento entre classificadores do CPB e de outras organizações no país, o entrevistado aponta que é por causa da falta de contato direto e de vínculos sociais para trabalhos em conjunto, o que desenha certa disputa entre grupos sociais de classificadores, dentro de um subcampo, pelo direito legítimo de atuação em processos de classificação padronizados, sob a filosofia de sua entidade formadora.

Notam-se, então, dois grupos diferentes de classificadores no Brasil, sendo os formados pelo CPB, de acordo com processos do IPC, e os capacitados pelas organizações de modalidades ou deficiência, que seguem os protocolos aceitos pelo IPC, mas atuam sob coordenação das IOSDs ou IF de referência.

S1 afirma que os protocolos são os mesmos usados pelos dois grupos. Porém, nem sempre atuam em conjunto, e isso, às vezes, é motivo para tensões entre eles. Segundo o entrevistado, uma simples aproximação no dia a dia bastaria para um trabalho mais coordenado. Vale apontar então a importância, nesse subcampo, de posse de certo capital social (Bourdieu, 1998) que permita ao indivíduo transitar pelos diferentes grupos e ter mais chances de atuação como classificador, assim como mais conhecimento sobre o processo.

Nesse sentido, o sujeito entrevistado 4 (S4) ratifica que a relação entre CPB e organizações esportivas no Brasil é muito tranquila. Para ele, o fato de o Brasil seguir os padrões do IPC não abre possibilidades para grandes discussões sobre protocolos e formas de atuação. Logo, aparentemente, a disputa entre os dois grupos ocorre apenas nos processos de recrutamento para atuação em eventos organizados pelo CPB e organizações brasileiras.

Ainda sobre essa tensão, S1 afirma que, em relação aos órgãos internacionais (IPC e IOSD), as disputas já foram maiores e a tendência atual é de unificação, seguindo mais a filosofia do IPC. Segundo o sujeito, o IPC seria mais competente nesse assunto em decorrência de suas comissões científicas, embora ele ainda afirme que haja procedimentos não comprovados cientificamente. Como exemplo, ele cita que, quanto à classificação para pessoas com DI, ainda não há comprovação científica dos protocolos da Inas e, consequentemente, da Abdem.

Quanto à autonomia dos classificadores em relação a procedimentos e formas de atuação, S1 afirma que esses sujeitos seguem os protocolos sem alterá-los. Existe autonomia de alteração desses guias apenas por parte da Comissão de Classificação do IPC, formada por classificadores e pessoas atuantes em áreas técnicas do esporte. Administradores não fazem parte desse órgão.

Outro tema abordado em relação aos processos de classificação foi a relação entre técnicos e classificadores. Segundo Wu, Williams e Sherril (2000), os classificadores são profissionais que atuam nesse meio como agentes desse controle e mantenedores do sistema. E o que se observa é uma luta de grupos entre eles e os técnicos envolvidos nas competições. Tais tensões ocorrem, entre outros motivos, pois as regras de classificação permitem apelos em relação a resultados de avaliações. Esses processos são julgados, em eventos do IPC, sob políticas e procedimentos do Guia de Classificação da competição (IPC, 2008b).

Segundo Castellano (2001), os técnicos deveriam servir como educadores dos atletas, no sentido de esclarecer particularidades dos processos de classificação. Porém, pela falta de conhecimento, ou alguma forma de interesse, acabam atuando como interlocutores negativos, com atitudes que desrespeitam, desafiam e colocam o atleta contra o classificador.

Ao conhecer mais sobre classificação, o técnico pode atuar como uma espécie de pré-classificador, oferecendo informações importantes que podem contribuir com o processo de classificação e até com o desempenho de seus atletas (Castellano, 2001).

Nota-se, nesse sentido, uma clara tensão entre grupos sociais com acesso desigual ao capital simbólico do subcampo. É nítido o poder centrado nos classificadores: uma autoridade legítima que se baseia tanto em um capital cultural, ligado à formação oficial para a função, quanto simbólico, de detentor do conhecimento sobre o tema, que nem sempre os técnicos dominam.

Porém, nota-se certa boa vontade dos classificadores em capacitar o outro grupo, com o objetivo de aliviar tensões, visto que estas não fortalecem a violência simbólica desse sujeito no espaço social. Nesse tipo de disputa existe uma união entre os diferentes grupos de classificadores (com formações pelo IPC ou pelo IOSD), visto que os técnicos posicionam-se de forma a disputar espaços de poder no campo, em relação à classificação de atletas.

Outro ponto importante sobre a classificação, com carga de destaque nas disputas sociais desse subcampo, foi a presença de sujeitos com deficiência atuando na função de avaliadores. S1 aponta que, no exterior, existem, proporcionalmente, mais classificadores com deficiência do que no Brasil. Isso se atribui, segundo ele, às melhores condições de educação e oportunidade de formação em nível superior, embora Wu, Williams e Sherril (2000) apontem que nos Estados Unidos, há 10 anos, na área de natação, a maioria dos classificadores ainda eram pessoas não deficientes.

Como caracterização social dessa esfera do esporte paralímpico brasileiro, tem-se que é um espaço com certas disputas específicas entre grupos que lutam pelo controle da elaboração de protocolos, pelo recrutamento e pela atuação em competições, pelas formas e filosofias de atuação e pela posse de conhecimento sobre os processos de classificação.

De forma geral, a entrada dos sujeitos neste espaço da classificação se dá com base em aquisição de capital cultural (ensino superior formal) e simbólico (processos e protocolos). Porém, as vias de entrada são duas (IPC ou IOSD), o que acaba configurando dois grupos relativamente distintos, mas que compartilham a busca por afirmação de sua autoridade específica sobre um terceiro grupo (os técnicos), que também procura qualificar-se, mas com objetivos distintos (favorecimento e melhora de desempenhos de atletas). O grupo dos atletas também se posiciona nesse campo de forma menos ativa, visto que assume o papel de corpo a ser analisado (Howe, 2008b), sendo, muitas vezes, apenas objeto de classificação e alocação de capacidades físicas e ação social.

Percebe-se, por fim, que os atuantes no espaço da classificação, excetuando-se a comissão científica do IPC destinada a esse tema, têm pouca ou nenhuma autonomia perante as organizações do movimento paralímpico, visto que cumprem os protocolos, as filosofias, as políticas e os processos estipulados por órgãos administradores do esporte.

5.2 Profissionalismo no esporte paralímpico

Em relação à ocorrência do profissionalismo no esporte paralímpico, a primeira questão investigada diz respeito ao conceito e critério, adotado pelo CPB, sobre o que é um atleta profissional. Quanto a isso, o sujeito 3 (S3) apontou que a legislação brasileira (Lei Pelé, nº 10.672/2003) (Brasil, 2003) é muito clara nesse sentido e o CPB a acata. Assim, legalmente, o atleta profissional seria caracterizado pela remuneração pactuada em contrato formal de trabalho entre o atleta e a entidade de prática desportiva. Para S3, quem não tem contrato de trabalho formal e vínculo empregatício não é profissional, o que coloca muitos atletas paralímpicos, e até olímpicos, em uma situação amadora perante a lei.

Howe (2004) reforça a posição de S3 ao apontar que os profissionais são os que recebem recompensas financeiras para competir e se dedicar à melhora de seu desempenho atlético. Já os amadores subdividem-se em dois grupos: os "devotados", que apresentam características muito próximas das dos profissionais, e os "apaixonados", que praticam esporte pelo simples prazer, sem compromisso com a melhora de desempenho. O amador devotado tem a mesma conduta esportiva do atleta profissional, porém, em seu momento de tempo livre.

Já o sujeito 2 (S2) não se apoiou na legislação para essa questão. Com base na forma de dedicação e recebimento de apoio financeiro por parte dos atletas, respondeu que o CPB compreende que existem dois tipos de atletas profissionais: um grupo que vive do esporte, que tem a prática esportiva como única atividade diária e de sustento e está envolvido nessa atividade por dois períodos no dia; e outro grupo, que tem o esporte como complemento de seu sustento, mediante o Bolsa-Atleta, patrocínio ou algum apoio de órgão público, estadual ou municipal, além da atuação em outra profissão de forma paralela.

Porém, para o CPB, de acordo com S2, todos são considerados atletas profissionais, mesmo que não tenham nenhum contrato de trabalho assinado, visto que, por exemplo, a Bolsa-Atleta não é um salário, mas um apoio que pode ou não ser duradouro, de acordo com os resultados do atleta.

Quanto ao primeiro grupo (com dedicação integral ao esporte), S2 lembra que existem atletas que vivem exclusivamente da

Bolsa-Atleta, e outros que têm financiamento de patrocínios e contratos com clubes e empresas. Nota-se que há grande número de profissionais no Brasil em relação à delegação paralímpica que representou o país nos JP de Pequim/2008, que contou com 188 competidores (Costa, 2009a), e com 182 atletas em Londres/2012. Isso pode ser um sinal positivo de que o investimento no país está alcançando um grande número de atletas, o que pode vir a aumentar as chances de crescimento de delegações brasileiras futuras para os JP. Além disso, demonstra que as políticas de investimento no esporte adaptado e, mais especificamente, paralímpico brasileiro, talvez baseadas nas determinações já apontadas das três Conferências Nacionais do Esporte, vêm rumando não só para a formação de atletas, mas também do crescimento da cultura esportiva como um todo.

Embora no decorrer desta pesquisa não tenham sido encontrados dados relativos ao número de atletas com deficiência não profissionais, estima-se que esse grupo seja significativamente maior do que 10 mil atletas, de acordo com o depoimento de S2. Desse modo, é possível vislumbrar essa disseminação da cultura esportiva no país.

Quanto aos atletas não profissionais, que não participam de nenhum desses dois grupos mencionados (com dedicação integral ou parcial ao esporte de forma profissional), tem-se na literatura que, embora haja um processo de profissionalismo muito presente no esporte adaptado, muitos ainda treinam por conta própria e acumulam prejuízos financeiros durante sua carreira (Wheeler et al., 1999).

Em relação ao programa Bolsa-Atleta, S2 conta que o primeiro grupo mencionado (dedicação integral) muitas vezes abre mão desse benefício por causa de maiores ganhos financeiros com patrocínios e contratos individuais, embora haja alguns atletas que vivam exclusivamente desse programa. O entrevistado em questão aponta que alguns chegam a ganhar cerca de R$ 15.000,00 a R$ 20.000,00 de salário, entre patrocínios e contratos com clubes e prefeituras.

Existe, ainda, uma característica pontual desses atletas com dedicação exclusiva. Segundo S2, cerca de 17 a 19 atletas, que abrem mão do Bolsa-Atleta, têm contrato com as Loterias Caixa, principal órgão patrocinador do esporte paralímpico brasileiro.[5]

Quanto ao segundo grupo (dedicação parcial), a Bolsa-Atleta acaba sendo um complemento para gastos com o esporte. Segundo S2, esses atletas obtêm seu sustento diário por meio de um trabalho fora do esporte e usam o dinheiro da Bolsa para gastos com a prática esportiva. Segundo esse entrevistado, a maioria desses atletas, que estão no primeiro escalão do esporte nacional, recebe o benefício da Bolsa.

Neste princípio de análise, nota-se que existem três diferentes grupos de atletas paralímpicos no Brasil. Dois que acumulam ganhos com a prática esportiva e um que o pratica de forma completamente amadora, sem nenhum ganho financeiro, apenas simbólico. Embora configurem grupos sociais distintos, não se achou na literatura, nem nos conteúdos das entrevistas, indícios de luta entre os três grupos, além da óbvia competição esportiva, que é o que acaba representado o capital simbólico nessa esfera, pois é o resultado competitivo que garante ao sujeito a possibilidade de

---

[5] É importante ressaltar que a entrevista com esse sujeito aconteceu antes da promulgação da Lei 12.395, de 2011.

financiamentos, seja por bolsas, seja por patrocínios. Logo, nota-se que o capital em disputa entre atletas acaba sendo apenas o simbólico (ligado ao mérito esportivo e à capacidade atlética), visto que outras formas não contribuem diretamente para melhores posicionamentos nesse espaço.

Há outra forma de diferenciação social a ser tratada mais adiante, relativa ao tipo de deficiência do atleta, o que representa certa diferença de acesso à mídia. Porém, não se percebeu, com base nos dados coletados, nenhuma forma de disputa ou engajamento social desses sujeitos, no sentido de mudança dessa variável. Apenas um interesse do CPB, como órgão gerenciador do esporte paralímpico brasileiro, com objetivos, inclusive mercadológicos, sobre o objeto.

Em virtude das condições financeiras e das possibilidades de dedicação tão diferentes entre os três grupos de atletas (os profissionais com dedicação exclusiva, os com dedicação parcial e os atletas que não obtém ganhos financeiros por meio do esporte), S2 diz que há uma nítida diferença de desempenho atlético entre os três grupos, sendo que, como é esperado, aqueles com dedicação integral apresentam, em geral, melhor desempenho.

Segundo Nunn (2008), esse quadro, no qual o esporte paralímpico é tratado como algo profissional, é fruto de uma mudança comportamental de técnicos e atletas, principalmente após os JP de 1988, em Seul. Quando os indivíduos com deficiência começaram a ser vistos primeiro como atletas e não como deficientes, começou a haver um comportamento de todos esses sujeitos ligados ao esporte de elite.

Nota-se que essa data não é uma mera coincidência. Segundo Marques, Gutierrez e Montagner (2009), no fim da década de 1980, em decorrência do fim da Guerra Fria e do crescimento da comercialização da cultura e da espetacularização do esporte, surgiu uma tendência de profissionalização acentuada e liberada em esferas esportivas, inclusive olímpicas (e, consequentemente, paralímpicas), espaços de culto ao amadorismo até então, que motivou eventos como os citados por Nunn (2008), além da importância histórica da edição de 1988 dos JP, em relação à realização nos mesmos locais e estrutura dos JO, o que imprimiu maior importância ao evento.

Historicamente, o fomento ao esporte adaptado já sofreu com a instabilidade e dificuldade financeira. Porém, segundo Araújo (1998a), já era possível notar, no fim da década de 1990, certo crescimento e estruturação nesse aspecto, principalmente no esporte brasileiro. Nesse sentido, S2 ressalta que, atualmente, esse quadro é bem positivo e estável, visto que a Lei Agnelo/Piva, os patrocínios e os programas de bolsas federais, estaduais e municipais garantem certa verba periódica ao esporte. Quanto às bolsas estaduais e municipais, S2 avalia que estas têm valores próximos ao da Bolsa-Atleta (federal), e que as regiões Norte e Nordeste tendem a dar mais bolsas aos atletas (visto que existem poucos, nestes locais, beneficiados com a Bolsa-Atleta federal).

Tal quadro de preparação e profissionalismo no esporte paralímpico brasileiro possibilita, segundo S2, um alto nível técnico dos esportistas do Brasil em relação ao resto do mundo. Porém, o país encontra-se com problemas para renovação e surgimento de novos talentos, visto que a divulgação do esporte paralímpico ainda não é ideal. Segundo o entrevistado, essa forma de prática esportiva ainda não é usual no dia a dia do brasileiro, o que dificulta atingir o interesse de novos atletas e da mídia.

Como essa forma de esporte não é amplamente divulgada, algo que incomoda S2, parece, para pessoas leigas no assunto, ser fácil chegar ao alto rendimento. Mas ele frisa que não é. Esse tipo de ideia equivocada é resultado da falta de conhecimento do público em geral sobre toda a estrutura esportiva paralímpica no país.

S2 cita ainda que no exterior existem alguns programas que ajudam a disseminar o esporte paralímpico, como os Jogos Militares, nos Estados Unidos.

Esta passagem mostra que há uma tendência e um interesse pela abertura do subcampo do esporte paralímpico no Brasil para a entrada de novos atletas. Porém, são exigidos capitais específicos que caracterizem o indivíduo como atleta de alto nível. E isso, diante da pouca divulgação, nem sempre é compreendido por quem está fora desse espaço social e, assim, as leis imanentes deste nem sempre são percebidas, tal como o *habitus* pertinente aos agentes envolvidos. Nota-se, nesse quadro, uma característica da teoria dos campos de Boudieu. A ideia de que só consegue participar da disputa específica por capital no subcampo quem tem um *habitus* próprio desse espaço (Bourdieu, 1983). E, nesse sentido, S2 destaca um importante papel divulgador e disseminador da imprensa, que precisa ser otimizado para o crescimento do movimento paralímpico no Brasil.

Outro tema abordado em entrevista foi a predominância e distribuição de atletas profissionais no Brasil por grupo de deficiência. S2 lembra que os atletas com DF são maioria, embora, no atletismo, importante modalidade no país, sujeitos com DF e DV se equivalham em número de profissionais, tendo os com DV os melhores resultados. Questionado sobre a profissionalização de atletas com DI, S2 respondeu que eles já estão presentes em grandes eventos, mas ainda de forma tímida e restrita. Porém, a questão profissional que os envolve respeita os mesmos critérios de atletas com outras deficiências. Os processos são iguais. Institucionalmente, S2 deixa muito claro que o CPB atua como parceiro da Abdem.

Quanto à distribuição de atletas profissionais por modalidade esportiva, S2 destaca que o atletismo e a natação são as principais. Isso ocorre, segundo ele, porque é mais fácil e lucrativo o patrocínio em modalidades individuais no Brasil, pois há mais campeonatos e medalhas em disputa, em decorrência do Circuito Paralímpico Loterias Caixa, que abarca tais modalidades. Por tais razões, torna-se mais fácil, para estes atletas, obter patrocínio. Os custos para a participação e o treinamento são menores e é mais fácil quantificar o desempenho do atleta.

Segundo S2, modalidades coletivas não são tão atraentes para patrocinadores, pois é difícil manter e avaliar o patrocínio e o desempenho dos atletas, por causa da alta rotatividade destes nas equipes.

Nota-se que, nesse espaço, a visibilidade faz-se de grande importância para o atleta, tanto em relação a seu tipo de deficiência quanto à sua modalidade esportiva. Ainda é importante o capital

Resultados e discussão: o subcampo do esporte paralímpico brasileiro

esportivo, mas a porta de entrada (modalidade esportiva) do atleta no subcampo limita ou amplia suas chances de profissionalismo. Neste aspecto, o subcampo encontra-se em grande dependência de entidades e agentes exteriores, como os patrocinadores e a mídia, demonstrando certa autonomia relativa, que, segundo Bourdieu (1983), é uma característica dos campos sociais.

Outro tema abordado em entrevista diz respeito à diferença de gêneros na participação de atletas brasileiros no ambiente profissional. Segundo S2, tanto no Brasil quanto no resto do mundo, há predominância de homens nos eventos. No país, são cerca de 70%, segundo ele. Para o entrevistado isso ocorre pois há uma procura maior dos homens pela prática esportiva, além de questões culturais.

Como fortalecimento desses dados, Howe (2004) lembra que menos de ¼ dos participantes dos JP de 1992 e de 1996 eram mulheres. Oliveira Filho et al. (2006) veem nessa realidade uma oportunidade de crescimento esportivo, visto que o menor número de atletas mulheres no esporte adaptado implica uma necessidade de massificação, não só com o objetivo de aumento do número de atletas, mas também por maior facilidade teórica de obtenção de resultados em competições femininas. E, segundo Sainsbury (2004), esse tem sido um dos pontos de trabalho do IPC, o aumento do número de atletas mulheres.

Como ilustração dessa situação, em nível mundial, Brittain (2010) apresenta um quadro comparativo entre a participação de homens e mulheres nos JP desde 1960 que corrobora as informações apontadas pela bibliografia e pelo entrevistado.

O esporte paralímpico no Brasil

Tabela 5.1 – Participação de atletas, por gênero, nos Jogos Paralímpicos

Ano	Local	Homens	Mulheres	Total
1960	Roma	NA	NA	≅ 400
1964	Tóquio	309	66	375
1968	Tel Aviv	554	176	730
1972	Heidelberg	722	273	995
1976	Örnsköldsvik	161	37	198
1976	Toronto	1.404	253	1.637
1980	Geilo	229	70	299
1980	Arnhem	1.539	472	2.011
1984	Innsbruck	325	94	419
1984	Stoke Mandeville/ Nova York	NA	NA	1.100/1.800
1988	Innsbruck	300	77	377
1988	Seul	2.503	710	3.213
1992	Tignes-Albertville	288	77	365
1992	Barcelona/Madri	2.323/NA	697/NA	3.020/ ≅ 1.400
1994	Lillehammer	381	90	471
1996	Atlanta	2.415	780	3.195
1998	Nagano	440	121	561
2000	Sidney	2.867	978	3.843
2002	Salt Lake City	329	87	416
2004	Atenas	2.646	1.160	3.806
2006	Torino	375	99	474
2008	Pequim	2.584	1.367	3.951

Fonte: adaptado de Brittain (2010, p. 107).

A questão de gênero não se coloca como uma luta entre grupos específica do subcampo em análise, mas, sim, em um espectro mais amplo da sociedade. Os dados referentes à pequena participação feminina em relação aos homens dizem respeito a uma tendência que ultrapassa os limites do esporte paralímpico, sendo observada em outros campos da sociedade contemporânea. Isso também comprova a ideia de autonomia relativa (Bourdieu, 1983) do subcampo, pois fica nítido que ele sofre influência de leis e disputas sociais que lhe são externas.

Outro ponto abordado foram os critérios do CPB referentes ao profissionalismo de técnicos. Segundo S2, todos são considerados profissionais. Complementando, Costa (2009b) afirma que os técnicos não são profissionais para o esporte paralímpico. Ou são voluntários, ou recebem de outras fontes (como técnicos de esporte convencional), ou são pagos como treinadores pessoais pelos atletas.

Nunn (2008) destaca que a maioria dos técnicos é procurada por atletas com deficiência não por seu conhecimento sobre o esporte adaptado, mas por sua história e envolvimento em uma modalidade esportiva específica. O autor acrescenta que é mais fácil um técnico aprender sobre deficiência do que sobre uma modalidade nova. Além disso, no Brasil, tem-se o agravante de certa escassez de verbas para a profissionalização de técnicos com vínculo apenas com o esporte paralímpico.

S2 afirma que o movimento paralímpico brasileiro não tem grandes entidades ou clubes especializados, por sua origem no movimento de luta política pelos direitos de inclusão de pessoas com deficiência. Por isso, a maioria dos clubes vive de forma precária. Segundo Castellano (2001), há um problema político no Brasil, no qual entidades querem atuar de forma autônoma, sem condições para tal.

O mesmo entrevistado (S2) menciona ainda uma dificuldade ligada à diferença de conceito e atuação entre clubes e entidades de luta política em benefício de pessoas com deficiência. Embora tais entidades também acabem, algumas vezes, auxiliando na formação de atletas, não conseguem dar conta do alto rendimento, pois sua preocupação central é a questão política, de representação, e não têm "fôlego", como cita o entrevistado, para o esporte.

Para S2, a luta política e o esporte são, em certa medida, movimentos separados, mas que têm o mesmo objetivo, de inclusão e reconhecimento social da pessoa com deficiência. Nesse ambiente, acontecem acordos entre técnicos e atletas, referentes à partilha de ganhos financeiros, contados por S2, como uma atitude muito pessoal desses indivíduos, sem nenhuma orientação do CPB nesse sentido. O mesmo entrevistado lembra, ainda, que há o Projeto Ouro, organizado pelo CPB, que auxilia técnicos de atletas medalhistas de ouro em JP a dedicarem-se ao treinamento com maior exclusividade.

Em relação aos técnicos, eles acabam assumindo-se como um grupo muito específico no subcampo do esporte paralímpico brasileiro. Atuam de forma a preparar os atletas para alcançar o mérito esportivo e, consequentemente, recompensas financeiras. Porém, não se encontram em posição de grandes ganhos econômicos, com condições de trabalho não ideais. Nesse grupo, há certa tensão entre os agentes, dada a concorrência objetiva por capital simbólico do subcampo (mérito esportivo) em competições e os sigilos estratégicos em relação a atletas e processos de treinamento.

Logo, os técnicos colocam-se como um grupo com poucos aliados nesse subcampo, que lutam com classificadores por melhor acesso aos processos de classificação, com administradores pela manutenção de seus cargos e recompensas financeiras e com

Resultados e discussão: o subcampo do esporte paralímpico brasileiro

outros técnicos pelo alcance do mérito esportivo. Tem-se ainda, para esses agentes, uma porta de entrada bem específica, na qual, como aponta Nunn (2008), são exigidos como parte do *habitus* desse grupo o conhecimento específico sobre a modalidade esportiva e, em segunda instância, sobre deficiência, o que configura um capital cultural complexo e indispensável.

Outro grupo social que permeia o profissionalismo no esporte paralímpico brasileiro é a dos classificadores. S1 afirma que esse grupo não conta com profissionalismo ligado à dedicação exclusiva. Para ele, ninguém se sustenta apenas com a atuação em classificação. Porém, esses indivíduos recebem pelos serviços prestados, por competição em que atuam, mas sem vínculo empregatício. Essa verba, segundo o entrevistado, é proveniente do patrocinador de cada evento. Segundo S1, isso também ocorre fora do país, com trabalhos voluntários ou secundários, o que gera abandonos da atividade.

Quanto aos árbitros atuantes no Brasil, S2 relata que eles seguem o mesmo processo de profissionalização dos classificadores, recebendo por competição, sem nenhuma forma de vínculo com o CPB ou com outra entidade organizadora.

Tanto classificadores quanto árbitros configuram dois grupos específicos nesse subcampo, mas que não apresentam tensões entre si. Os primeiros lutam por acesso aos protocolos e às formas de capital que lhes permitam ser recrutados e atuantes nas competições, proporcionando maiores ganhos simbólicos e financeiros. Os segundos, com processos de formação e recrutamento parecidos, encontram-se na mesma situação.

É importante destacar que ambos os grupos têm certa posição de destaque no subcampo por sua função reguladora, de juízo e avaliação, o que lhes confere certo poder simbólico. Talvez essa consideração explique a não existência de disputa direta entre os grupos, uma vez que ambos têm posições de autoridade específica, em aspectos paralelos perante o movimento paralímpico.

Considerando os árbitros, assim como já mencionado em relação aos classificadores, também precisam de formação específica para atuarem, esses sujeitos encontram-se em posse tanto de capital cultural quanto específico no subcampo, o que os coloca em evidência vantajosa em situações de disputa com outros grupos.

Quanto à profissionalização de gestores e administradores, S2 e S4 comentam que é mínima nos clubes e organizações no Brasil. S3 afirma que o que nutre o trabalho dessas pessoas é a ideologia, pois atuam de forma amadora. O problema, nesse sentido, apontado por S3, é que muitas entidades são ONG, e, por lei, esse tipo de órgão não pode remunerar seus dirigentes. S2 também cita que existe, para os administradores, a mesma dificuldade que ocorre com os técnicos, referente à questão da alta rotatividade nos cargos pela falta de profissionalismo.

S2 informa que os dirigentes brasileiros originam-se do próprio movimento paralímpico, havendo ex-atletas, ex-técnicos e professores de Educação Física nessa função. Isso faz sentido, considerando que essas pessoas já detêm o *habitus* que lhes permite atuar e disputar certa ascensão social no subcampo.

Outro ponto tratado foi em relação a planos de fortalecimento de modalidades esportivas no Brasil. Esse assunto foi levantado por S2, que expôs a intenção do CPB de conquistar o 5º lugar nos JP de 2016, por meio de um planejamento por modalidade, com foco na longevidade e no aumento da modalidade. O critério para a escolha dos pontos de foco foi a análise de chances de cada uma delas conquistar medalhas em JP. S2 lembra que existe um orçamento de R$ 70.000,00 para esse planejamento, oriundo de auxílio do Ministério dos Esportes.

Para o crescimento das modalidades é preciso que estas sejam democratizadas e haja aumento do número de participantes. Assim, S2 aponta a necessidade de transformação da Educação Física escolar para iniciar a formação desses atletas, dividindo esta responsabilidade com os clubes e as entidades especializadas.

No Brasil, os dois principais mecanismos de ingresso de atletas no esporte adaptado são a reabilitação e a oportunidade de engajamento social com pares nas mesmas condições (Brazuna e Castro, 2001). Costa (2009b) reforça que a maioria dos atletas é formada em instituições especializadas que nem sempre têm condições e características adequadas às necessidades do atleta para sua evolução esportiva, além do acesso a tais entidades não ser facilitado. No Brasil, os clubes, de fato, não são uma das principais portas de entrada ao esporte paralímpico.

Dos dezoito atletas campeões paralímpicos de 2004 entrevistados por Florence (2009), seis iniciaram a prática esportiva em escolas especializadas, dois em processos seletivos e recrutamento para composição de equipes, quatro foram convidados para compor equipes, dois por vias de reabilitação, dois na escola regular, um diz não ter escolhido ser atleta e um era praticante de esporte convencional (clube) e rumou para o esporte adaptado. Esses dados, embora coletados em uma população pequena, comprovam as afirmações a respeito dos processos de iniciação esportiva adaptada.

Quanto à proposta de S2 referente à Educação Física escolar, parece um tanto quanto distante da realidade brasileira, dados os objetivos atuais da Educação Física escolar no país, somada às formas sedimentadas de iniciação de atletas paralímpicos em entidades especializadas ou na tradicional e enraizada estrutura clubística de formação de atletas olímpicos no país, embora esta última seja vista como algo que vem sendo transformada (Carvalho, 2009; Galatti, 2010) e não tão predominante no ambiente das pessoas com deficiência.

Reforçando essa discordância, tem-se que, nos Estados Unidos, embora a tradição do país seja a formação de atletas olímpicos em escolas, é nas instituições especializadas, fora do ensino formal, onde há a formação de atletas para o esporte paralímpico (Paciorek, 2004). A reabilitação e a educação em entidades especializadas são, ainda, o início da carreira de muitos atletas (Vandlandewick, 2006).

Williams (1994) acrescenta outro aspecto, que indica que pessoas com deficiência congênita começam no esporte em instituições especializadas, em geral. No entanto, aquelas com deficiência adquirida têm formas mais distintas, de acordo com o histórico esportivo anterior ao fato desencadeador da deficiência.

Wheeler et al. (1999) apontam como fatores para a motivação na iniciação esportiva a reabilitação, a chance de inclusão social, os programas de recrutamento e a continuidade no esporte depois da deficiência adquirida. No mesmo trabalho os autores indicam que atletas dos Estados Unidos, do Canadá, de Israel e de Grã-Bretanha atingiram o nível internacional de desempenho entre seis meses e dois anos de treinos, o que é uma trajetória bem rápida.

Este é um ponto importante da iniciação esportiva no esporte adaptado. Por existirem menos praticantes e menos campeonatos, em tese, seria mais rápida a ascensão a níveis internacionais do que no esporte convencional.

Outra perspectiva abordada foi a captação de subsídios para o crescimento do esporte paralímpico brasileiro e a busca por melhores resultados. Além do auxílio já citado, por parte do Ministério dos Esportes, S2 e S4 consideram como principais fontes financiadoras a Caixa Econômica Federal, a Lei Agnelo/Piva e os parceiros institucionais.

Porém, S2 afirma que o principal meio de financiamento do esporte paralímpico no Brasil é o fundo proveniente da Lei Agnelo/Piva, que permite a execução de planejamentos a médio e longo prazo por parte do CPB. Ele cita ainda que, depois de 2008, a mídia ganha espaço de grande importância na geração de recursos e na busca por novos atletas, divulgando mais o esporte para pessoas com deficiência que, segundo Brittain (2010), têm pouco acesso na imprensa e, por isso, não é tão conhecido do grande público.

Nota-se grande dependência do subcampo do esporte paralímpico brasileiro em relação aos financiamentos públicos, principalmente federais. Mesmo com o crescimento do número de patrocinadores nos últimos anos, é a verba proveniente das Loterias Caixa, da Lei Agnelo/Piva e do Ministério dos Esportes que, de fato, sustenta as entidades desse espaço social. Dessa maneira, explicita-se grande dependência desse campo diante do campo político nacional, diminuindo sua autonomia. Por outro lado, tal perspectiva atribui maior estabilidade de financiamentos em relação a patrocínios de empresas privadas.

Fica nítido também, nessa passagem, a relação muito próxima entre as organizações olímpicas e as paralímpicas em nível internacional. Embora esse vínculo seja menor no Brasil, a organização dos JO e dos JP de 2016 aproxima em muito tais agentes.

Ao tratar de esporte profissional, o *doping* surge como outro tema muito relevante. S2 expressa grande preocupação, por parte do CPB, nesse assunto. E cita que esse órgão tem feito controles periódicos e investido muitos recursos financeiros no combate a esse mal do esporte.

Além do controle, o CPB tem feito, segundo S2, um trabalho de educação em relação ao *doping*. As delegações brasileiras são acompanhadas por médicos com essa função e contam com uma cartilha desenvolvida para esclarecer técnicos e atletas sobre a possibilidade do uso de substâncias de forma terapêutica, permitida pela WADA, pois não há no Brasil uma agência de combate ao *doping*. E, segundo S2, para qualquer competição ser homologada pelo IPC, deve haver a instalação de um controle antidoping. O próprio CPB se encarrega de todo o processo, já tendo sido registrados casos de punições no Brasil. S2 lembra ainda que a WADA discorda das ações do CPB, pois este se autorregula e fiscaliza, mas defende que está sendo feito o possível no país e com bons resultados.

Nota-se certa tensão entre WADA e CPB, visto que a primeira busca a criação de uma agência antidoping no Brasil, que seja ligada a ela, conferindo-lhe maior capital simbólico no esporte. Já o CPB luta por maior autonomia em relação a seus processos de fiscalização, preparação e gerenciamento de seus atletas, o que representa também a posse de autoridade específica sobre o subcampo.

Como último tema a respeito do profissionalismo no esporte paralímpico brasileiro, há o processo de aposentadoria de ex-atletas. Nesse sentido, S2 e S4 afirmam que não há nenhum projeto ou ação do CPB para a preparação dessas pessoas para sua retirada do esporte, embora S3 afirme que, mesmo não sendo responsabilidade do CPB, há uma preocupação do órgão nesse sentido. Já S2 aponta certo contato com determinada empresa de consultoria que faz esse tipo de planejamento para o IPC, mas sem nada concreto em termos de planejamento.

Essa questão da tensão sobre a aposentadoria de ex-atletas não é exclusividade do Brasil. Em um estudo com ex-atletas canadenses, norte-americanos, israelenses e britânicos, Wheeler et al. (1999) demonstraram que nenhum entrevistado alega ter se preparado para a aposentadoria, nem ter recebido auxílio de nenhuma entidade nesse sentido.

S3 assegura que não há uma estrutura legal que facilite a aposentadoria desses atletas no Brasil; segundo ele, os patrocinadores não se preocupam com isso, pois se ligam à imagem do atleta, não do ex-atleta. Não há interesse por parte deles. O mesmo sujeito sugere que haja alguma forma de processo para a aposentadoria pelo Ministério da Previdência Social, visto que, hoje em dia, o atleta, principalmente o que vive de Bolsa, não contribui com o INSS.

A reinserção no esporte, em outras funções, como técnico ou administrador, acaba sendo a principal estratégia de ajuste social e emocional adotada por atletas aposentados brasileiros (Brazuna e Castro, 2001). Fica claro que ao se aposentar o ex-atleta perde seu capital simbólico do subcampo (a capacidade de lutar pelo mérito esportivo e, em certas ocasiões, conquistá-lo, gerando até capital econômico e mais capital simbólico), que é o que movimenta o espaço gerando lucros simbólicos e econômicos a serem disputados pelos agentes.

Ao sair desse meio mediante aposentadoria, o atleta deixa de ser agente atuante e passa a não ser mais relevante nas lutas e nos posicionamentos no subcampo, perdendo sua importância. Isso justifica a falta de preparação, cuidado e planejamento apontadas pela bibliografia e pelos entrevistados em relação a ex-atletas em processos de aposentadoria.

A presença do ex-atleta no subcampo justifica-se apenas na ocorrência de grande posse de capital simbólico, ou capacidade de articular-se como membro de algum outro grupo, alterando seu *habitus*, mas permanecendo ativo e lucrativo aos outros agentes.

5.3 Presença da pessoa com deficiência em órgãos de administração do esporte paralímpico

Esse tema surgiu do dado apresentado por Wheeler et al. (1999) que, ao analisarem atletas norte-americanos, britânicos, israelenses e canadenses, notaram que eles atribuem, até certa medida, os problemas de falta de assistência ligada à aposentadoria e representatividade política à ausência de pessoas com deficiência na gerência esportiva, independentemente do perfil e da competência de quem exerce tal função ou venha a exercê-la.

Desse modo, em relação à presença dessas pessoas em órgãos de administração do esporte paralímpico no Brasil, S3 e S4 afirmam que há muitas pessoas nessa condição, exceto os atletas com DI, destacados por S4. Ambos os entrevistados consideram que isso significa um ganho em termos do protagonismo das pessoas com deficiência na sociedade e no movimento paralímpico.

S3 afirma que é preciso mostrar que as pessoas com deficiência são capazes de se autogerenciar e atuar como profissionais na sociedade. Esse posicionamento ganhou força, segundo ele, a partir de 1981, diante do destaque dado pela ONU. Ele afirma que há uma luta pela inserção da pessoa com deficiência na sociedade, visto que "todos cuidam dos idosos, pois as pessoas querem ficar velhas. Mas não há atenção com os deficientes, pois ninguém quer ser um".

Essa interação entre pessoas com deficiência e não deficientes se dá em duas mãos: uma em que o mundo não deficiente rotula e define limites e significados do que é ser pessoa com deficiência, outra na qual aqueles com deficiência se expressam como autônomos responsáveis por seus atos, escritores de suas histórias e que acabam por delimitar seu próprio sentido de deficiência (Williams, 1994).

S4 acredita que, sem dados precisos, é possível afirmar que há mais pessoas com deficiência em cargos administrativos no esporte paralímpico brasileiro do que não deficientes, principalmente no movimento da DV, sendo mais comum encontrá-los em entidades menores.

Ambos, S3 e S4 afirmam, com certo destaque, que no CPB há dois gestores com deficiência, em uma chapa composta por três pessoas. Porém, S4 destaca que, em cargos técnicos, por causa do critério de contratação por formação acadêmica, não há nenhuma destas pessoas. Como dificuldades para a inserção e a atuação dessas pessoas em órgãos de administração paralímpica, S3 relata a busca por espaço político, formação educacional e problemas arquitetônicos, como acessibilidade.

S4 cita que, normalmente, os dirigentes mais altos na escala de poder são pessoas com deficiência. Em outros níveis, cada país tem seu modelo de organização e, por isso, ele acredita que é difícil mensurar. Como exemplo, menciona os Estados Unidos, com o esporte paralímpico sendo um departamento no Comitê Olímpico, e a Inglaterra, na qual o futebol adaptado é gerenciado pela Federação Inglesa de Futebol convencional.

Quanto à percepção de técnicos e atletas acerca da presença dessas pessoas com deficiência nos órgãos de administração, S3 considera-a uma necessidade essencial, pois sem elas não há representatividade política. É importante citar que isso vai ao encontro do que os indivíduos pesquisados por Wheeler et al. (1999) indicaram.

S3 vai mais além ao referir-se à luta de grupos, na qual as pessoas com deficiência querem se gerenciar e não serem gerenciadas por outros agentes. Porém, ainda há indivíduos não deficientes nesses órgãos.

Já S4 afirma que existe uma expectativa, por parte dos atletas, da presença e da atuação dessas pessoas em órgãos administrativos. Mas afirma que o simples fato de ser pessoa com deficiência não basta para sanar tais sentimentos da comunidade paralímpica. Ele considera que é mais importante a pessoa estar bem preparada e formada profissionalmente para exercer tal função.

Em relação ao ponto positivo na presença dessas pessoas em tais órgãos, S4 assegura que a experiência de um ex-atleta pode contribuir, mas não é determinante, não garante um bom trabalho. Ele ainda destaca que há pessoas não deficientes que são boas administradoras do esporte paralímpico. Segundo Marques, Gutierrez e Almeida (2012), a formação educacional e profissional é tida como fator mais importante do que a deficiência em si.

Quanto ao benefício prático e político desse processo, S3 acredita que ambos acontecem juntos. A atuação prática comprova a capacidade de realização da pessoa com deficiência, seu potencial, e isso permite ganhos políticos também.

A presença de pessoas com deficiência em órgãos de administração paralímpica coloca-se como uma tensão muito destacada nesse subcampo. A ocupação dessas posições significa grandes ganhos de poder simbólico e econômico aos agentes, o que gera interesse tanto de pessoas com deficiência quanto de não deficientes. Porém, nota-se que aquelas com deficiência veem na ocupação desses cargos uma oportunidade de representação política do grupo perante a sociedade. Ou seja, um modo de afirmar suas capacidades e capitais específicos, que os reconhecem como cidadãos comuns, rompendo estereótipos e paradigmas. Nota-se, nesse sentido, um interesse por afirmação desse grupo não apenas no esporte paralímpico, mas na sociedade como um todo. O que parece é que há um sentimento de que ser reconhecido como autônomo e capaz nesse espaço ajudará em um melhor posicionamento social na macroesfera social. Isso acaba sendo uma característica dos campos apontada por Bourdieu (1996), visto suas autonomias relativas e a possibilidade, não obrigatória e necessária, de reprodução da posição social de um sujeito ou grupo em mais de um campo da sociedade.

Logo, há certa tensão pelo acesso a tais cargos, principalmente da parte de pessoas com deficiência que, além de obterem lucros esportivos, econômicos e sociais, assim como os não deficientes quando nessas funções, ainda vislumbram destaque político pessoal e representativo. Porém, nota-se certa indefinição em relação ao *habitus* desse grupo, visto que, como menciona S4, não basta ter deficiência para ser um bom gestor.

O espaço de atuação desses indivíduos, ou seja, as entidades administradoras, foram temas de algumas entrevistas. S4 comenta que o esporte paralímpico no Brasil segue o Sistema Esportivo Nacional e, antes de tudo, é esporte, assim como o convencional. S3 afirma que há um padrão em relação à estrutura organizacional dessas entidades. Mas S4 afirma que, como estas têm certa autonomia organizacional, existem particularidades de acordo com suas necessidades.

Assim, no Brasil, como no resto do mundo, o movimento paralímpico está passando por uma transformação. Segundo S3, em vez de as instituições serem moldadas por deficiência, estão se organizando por modalidade, abarcando diferentes tipos de deficiência. Esse tipo de mudança acontece porque o esporte paralímpico é muito novo e está buscando uma forma melhor de se organizar.

Quanto ao acesso de possíveis dirigentes aos cargos de gestão desses órgãos, tanto S3 quanto S4 afirmam que se dá com base no engajamento político do indivíduo no movimento paralímpico, pois isso facilitará sua entrada por meio dos processos democráticos mediante votações que todas as entidades respeitam.

Segundo S3, para o sujeito chegar a um órgão de administração, ele deve estar mobilizado politicamente no clube, depois em uma associação regional, nacional etc. Deve ser conhecido e contar com votos das pessoas envolvidas. Nesse ponto, é possível atribuir a possibilidade de disputa política entre pessoas com deficiência e não deficientes, sendo esse um fator que exerça possível influência nos votos dos envolvidos.

Ou seja, além de outras formas de atributos necessários para uma escolha por votos, a deficiência pode significar importante capital simbólico para um agente candidato em uma eleição para um desses órgãos. Além disso, nota-se certa similaridade entre alguns comportamentos entre o subcampo em análise e o campo político na sociedade como um todo.

Em relação às entidades maiores, S3 lembra que são os clubes que votam para a conformação da gerência de entidades nacionais, as quais votam para o CPB; o mesmo acontece internacionalmente. No CPB, por exemplo, ambos, S3 e S4, afirmam que há uma assembleia geral para votos e que o voto de todas as instituições têm praticamente o mesmo peso.

A questão da necessidade de profissionalismo na gestão do esporte paralímpico, assim como de formação acadêmica para essa atuação, foi bastante destacada por S1, S2, S3 e S4, dado um importante critério para a escolha de dirigentes, principalmente técnicos, em entidades maiores, é a formação profissional. Nesse sentido, surge um problema sobre o tema ligado a políticas públicas de educação. O que mais dificulta a atuação de mais pessoas com deficiência como gestores, técnicos, classificadores ou árbitros é a formação educacional, dada a exigência de preparação desse ambiente, uma vez que as pessoas com deficiência que têm formação de nível superior ainda são minoria no Brasil (Marques, Gutierrez e Almeida, 2012).

Pode-se sugerir que pessoas com deficiência têm mais dificuldade para obter formação profissional. Nota-se que um fator impeditivo para a atuação de pessoas com deficiência nos órgãos de administração não diz respeito apenas ao subcampo do esporte paralímpico, mas, sim, à sociedade como um todo (Marques, Gutierrez e Almeida, 2012). Os problemas de inclusão social e educacional de pessoas com deficiência envolvem um macrocosmo social que acaba interferindo nas relações no subcampo em questão. Assim, seria irresponsabilidade do espaço do esporte paralímpico abrir mão da exigência de certos capitais culturais, principalmente para que indivíduos possam exercer com competência funções gerenciais que envolvem a vida de tantos agentes no subcampo.

Outro agente importante ligado aos órgãos administrativos do movimento paralímpico é o técnico esportivo. Quanto a esse grupo, S4 lembra que é muito rara a existência de técnicos com deficiência. Isso acontece, segundo ele, por causa dos locais não adaptados e por dificuldades na formação. Quanto a esse tema, S2 diz não saber o motivo de existirem poucos técnicos nessa condição, mas discorda de S4 em relação a questões de adaptabilidade arquitetônica em eventos do CPB, reforçando a importância da formação na vida do técnico, além de atribuir essa responsabilidade ao próprio treinador. Para ele, a deficiência não é um fator determinante nesse sentido.

Quanto a essa última ideia, referente à deficiência, S1 argumenta que também não é determinante na atuação do classificador, embora a experiência como ex-atleta e a troca de experiências entre classificador e atletas possam contribuir com sua atividade (Castellano, 2001).

Fica de certa forma destacado que três sujeitos (S1, S2 e S4) entrevistados posicionam-se claramente em relação à possibilidade de pessoas com deficiência atuarem de maneira profissional em funções que não sejam a de atleta no esporte paralímpico. Esses sujeitos apontam que, antes da deficiência, um capital mais importante para o reconhecimento desse agente é o cultural, ou seja, sua formação educacional e específica para a função exercida, além de sua competência na execução da função em foco. E esse "quase consenso" no grupo de entrevistados representa um problema para as pessoas que não têm essa formação educacional básica.

Em termos gerais, um tema tratado com os sujeitos entrevistados foi também relativo à posição ocupada pelo Brasil no campo político do esporte paralímpico internacional. Sobre esse assunto, S2 e S4 consideram que o Brasil, por meio do CPB, tem posição de destaque internacional, o que aponta que o país tem tido um *habitus* importante para a disputa, posse e manutenção de certo capital simbólico no subcampo do esporte paralímpico internacional.

6

Considerações finais

P ara encerrar este livro, com a apresentação de conclusões e ponderações finais, faz-se uma reflexão sobre perspectivas do esporte paralímpico para o século XXI. O intuito é estabelecer um diálogo entre os autores da área e as conclusões obtidas nesta pesquisa.

Depois de 1988, ano em que os JP e os JO passaram a ser organizados na mesma cidade-sede, ganhou força um processo de aproximação prática e política entre ambos os movimentos, olímpico e paralímpico, estabelecendo similaridades entre estes. Para De Pauw e Gavron (1995), no século XXI o esporte para pessoas com deficiência não será moldado apenas por questões sociais e econômicas da sociedade como um todo. Ele continuará sendo influenciado pelo movimento olímpico e seus processos de desenvolvimento e transformação.

Isso pode ser de certa forma sustentado, visto que a origem do esporte paralímpico se embasou na perspectiva de reabilitação, mas, principalmente, no uso do esporte nesse processo. Além disso, há, concomitantemente, dois movimentos que se fundem. Um ligado à maior autonomia organizacional e política do esporte paralímpico, rumando para um notável crescimento de ordem financeira, e outro para uma aproximação cada vez maior entre o olimpismo e o paralimpismo, ligado à perspectiva de que ambos são, em essência, esporte (Marques et al., 2009).

Assim, é possível elencar algumas diferenças e similaridades entre o movimento olímpico e o paralímpico. Com relação às similaridades, ambos têm origens embrionárias semelhantes, embora o esporte adaptado tenha se inspirado em determinações construídas historicamente pelo convencional (Marques et al., 2009). Por isso, é possível associar a definição de esporte adotada anteriormente neste trabalho (Marques, 2007), tanto ao fenômeno olímpico quanto ao paralímpico, como também é possível observar as categorias fundamentais do esporte moderno de Guttmann (1978) – secularidade, igualdade de condições na disputa, especialização de papéis, quantificação, racionalização, burocratização, recordes – em ambos, sempre considerando que tais características foram herdadas pelo fenômeno contemporâneo e acrescidas de um caráter mercadológico e heterogêneo quanto a suas formas de manifestação.

Outro ponto importante é a existência do desejo de superação que motiva o atleta a ser mais poderoso, capaz de efetuar mais realizações, de competir, presente tanto no esporte olímpico quanto no paralímpico. O movimento paralímpico, ao longo de sua história, tem se pautado nos ideais originalmente olímpicos de *fair play* na busca por melhora de desempenho, autocontrole, rejeição à discriminação, promoção do respeito mútuo, cooperação e paz entre as nações. Por isso, não pode ser desvinculado do olimpismo. Embora trabalhe pautado em conceitos filosóficos específicos, ainda se apoia em algumas diretrizes que constam na Carta Olímpica. E não há nada nesse documento que impeça ligações filosóficas e práticas entre os dois movimentos (Landry, 1995).

Considerações finais **269**

O esporte adaptado pode ser praticado tanto no alto rendimento (como no esporte paralímpico) como na escola, também com propósitos de lazer, terapia e reabilitação, nos programas formais, abertos ou não estruturados (Winnick, 2004a). Atualmente, é possível afirmar que a pessoa com deficiência ou a não deficiente podem ser atletas, profissionais ou não, ou se relacionar de outra maneira com o fenômeno esportivo, em qualquer ambiente em que se encontre, em todos os sentidos que a prática possa tomar.

Quanto à estrutura organizacional de ambos os movimentos, é possível encontrar caminhos semelhantes. Enquanto no esporte olímpico segue-se o Comitê Olímpico Internacional (IOC), comitês olímpicos nacionais e federações, o paralímpico se apoia no Comitê Paralímpico Internacional (IPC), comitês paralímpicos nacionais, organizações e federações (Marques et al., 2009).

Concluindo as similaridades, tanto os JO quanto os JP vêm utilizando-se de valores éticos e morais, assim como o nacionalismo, além da divulgação da paz mundial para atrair patrocinadores, mídia e público (Morgan, 2002). Ambos encontram-se em certa crise de valores em decorrência da profissionalização. O esporte olímpico, por sua comercialização exacerbada, suprime valores ligados ao espírito olímpico, e o paralímpico, por sua competitividade, supera a ideia de propiciar de novas entradas e o empoderamento (*empowerment*) (Marques et al., 2009).

Em outra perspectiva, pode-se apontar diferenças entre os dois objetos de análise. Por exemplo, diferenças históricas quanto às gêneses do esporte olímpico e paralímpico. Embora ambos sejam herdeiros do esporte moderno, criado entre os séculos XVIII e XIX na Inglaterra, o esporte olímpico surgiu motivado pela necessidade de organização e homogeneização das regras das modalidades e universalização de suas práticas durante os primeiros anos de 1800. Além disso, sua origem foi nutrida pelo desejo aristocrático de diferenciação social por meio do esporte e, além de divulgar valores morais positivos em sua essência pelo espírito olímpico, foi uma forma de afirmação da prática esportiva como lazer amador de nobres, com tempo livre e condições socioeconômicas para tal (Bourdieu, 1983).

Já o esporte paralímpico, em sua gênese, apropriou-se, em uma época mais recente (metade do século XX), da herança do esporte moderno buscando uma alternativa para a recuperação e a reabilitação de pessoas com lesão medular. Ele se estruturou de forma a atender o público com outras deficiências, não como um diferenciador social, mas, sim, como um movimento de luta pela inclusão social pela prática esportiva (Marques et al., 2009), embora sofra da mesma característica de diferenciação social do esporte contemporâneo olímpico, ditado pelo acesso ao capital econômico e a viabilização de processos mais caros e modernos de treinamento e equipamentos esportivos, facilitados aos detentores dessa forma de capital.

Além de ambos os movimentos, olímpico e paralímpico, terem sua gênese em épocas distintas, seu surgimento teve motivações diferentes. O primeiro recebeu estímulos da sociedade relacionados à luta de grupos, separados, principalmente, por questões econômicas da era industrial e busca de racionalização das práticas. O segundo, mais recente e em um tempo em que o grupo social já havia incorporado

Considerações finais

tais valores, foi influenciado pela fase posterior à Segunda Guerra Mundial e pela necessidade de reconstrução das instituições, relações sociais e inclusão de indivíduos que, embora tivessem alguma deficiência, muitas vezes causadas pelos conflitos militares, eram tão capazes de realizações quanto os não deficientes (Marques et al., 2009).

Outra questão que os diferencia sócio-historicamente é que o esporte olímpico incorporou características integrais do esporte contemporâneo, ou seja, além de se manifestar de forma heterogênea, seu eixo principal é a disputa no alto rendimento e a busca pelo lucro, ao passo que o paralímpico incorporou principalmente tendências esportivas contemporâneas ligadas ao caráter heterogêneo das formas de manifestação. Dessa maneira, o profissionalismo e a exploração comercial ainda se encontram em fase inicial e em forma embrionária se comparadas ao esporte olímpico, mesmo que o esporte adaptado, especialmente o paralímpico, seja um fenômeno promissor comercialmente e em ampla evolução nesse sentido (Marques et al., 2009).

Esse fato é reforçado por dados relativos à espetacularização e à divulgação do fenômeno esportivo na era contemporânea. Podem-se notar grandes diferenças entre a exploração comercial do esporte paralímpico e olímpico. Por exemplo, os JO de Pequim, em 2008, tiveram 55 empresas como patrocinadores oficiais (IOC, 2008), ao passo que os JP, realizados no mesmo local, nas mesmas instalações e em um período próximo, tiveram apenas 31 empresas nessa condição (IPC, 2008a). É importante ressaltar a diferença da importância comercial entre os dois objetos, mesmo que ambos tenham o mesmo objetivo e sejam organizados por órgãos associados (IOC e IPC).

Ao visitar as *home pages* dos dois principais órgãos reguladores do esporte (IOC – www.olympic.org e IPC – www.paralympic.org), pode-se notar que o primeiro anuncia a realização de doações de sua parte a refugiados de guerra, ao passo que o segundo anuncia que aceita doações para trabalhos ligados ao movimento paralímpico (Marques et al., 2009).

Os JP ainda contam com cobertura da mídia e exposição de patrocinadores menores que nos JO, especialmente porque ainda há algumas campanhas publicitárias relutantes em associar-se ao movimento paralímpico (Gold e Gold, 2007), em virtude, talvez, da falta de conhecimento específico sobre essa forma de esporte ou alguma forma de preconceito. Porém, independente dessa parcela, há um crescimento mercadológico evidente no movimento paralímpico.

Outro ponto de diferenciação é que, embora possam ser encontradas tanto federações monoesportivas quanto poliesportivas em ambos os casos, a motivação para essa ocorrência é diferente. Enquanto no esporte olímpico existe, por exemplo, a Federação Internacional de Voleibol (FIVB) com as modalidades voleibol de quadra e de areia, ou a Federação Internacional de Futebol (FIFA) com as modalidades futebol, futsal e *beach soccer*, tais entidades cuidam de mais de uma modalidade por razões comerciais e organizacionais; no paralímpico existe a Confederação Brasileira de Desportos para Deficientes Visuais (CBDV), que cuida de diversas modalidades, tentando facilitar as adaptações de regras, instalações e procedimentos para um público específico (Marques et al., 2009).

Nessa tendência pode-se apontar a transformação de modalidades originadas no esporte olímpico, como o futebol, para

Considerações finais 273

práticas voltadas aos atletas paralímpicos, como o futebol de 5 para pessoas com deficiência visual, com bandas laterais que impedem a saída da bola do campo de jogo e guizo na bola, para que os jogadores a localizem pela audição (Marques et al., 2009).

Além das coincidências e das divergências específicas é possível apontar algumas características próprias do esporte paralímpico que, além de adaptar práticas para pessoas com deficiências, também cria manifestações originais, possibilitando novas oportunidades para elas. Por exemplo, há algumas modalidades esportivas exclusivas do esporte paralímpico, como o *goalball*, jogado por pessoas com deficiência visual, sem nenhum correspondente direto no esporte olímpico. Outro fato específico do movimento paralímpico é a busca por distanciamento da perspectiva de recuperação e reabilitação e a aproximação da prática competitiva como fim em si mesma, em um crescimento notável do alto rendimento adaptado. Um exemplo desse fato é a ocorrência do *doping* (Marques et al., 2009).

Nota-se, nessa perspectiva, uma evolução histórica do esporte paralímpico que passou por fases distintas do olímpico, mas que talvez possa, no futuro, chegar ao mesmo ponto, principalmente em relação à perspectiva comercial. Isso pode ser percebido mediante análise da história do esporte adaptado, que surgiu com propósitos de reabilitação e inclusão, passou por uma fase de aceitação e divulgação e, atualmente, vem rumando desse estágio para a comercialização de seus símbolos e produtos, adotando o modelo competitivo/comercial hegemônico (Marques et al., 2009).

O sucesso de alguns eventos de esporte adaptado tem mostrado que os participantes são tão atletas quanto os não deficientes

(Paciorek, 2004). Porém, embora haja esse avanço, o esporte olímpico encontra-se mercadologicamente mais desenvolvido do que o paralímpico ou em uma situação de melhor aproveitamento das possibilidades de atuação no esporte-espetáculo. Isso pode acontecer pela história mais longa do primeiro e também pela existência de alguns preconceitos na sociedade contemporânea relativos ao esporte adaptado. A falta de conhecimento e a crença de que pessoas com deficiência estão fadadas à inatividade física podem ser fatores que atrapalham o desenvolvimento econômico do esporte paralímpico. Mas, ao que tudo indica, trata-se de um fenômeno que, a cada dia, aumenta sua legitimidade e amplia suas fronteiras. Mas sabe-se também que ainda existe um longo caminho a ser percorrido rumo à aceitação e à abrangência já alcançadas pelo esporte olímpico (Marques et al., 2009).

O esporte paralímpico encontra-se em pleno processo de desenvolvimento. Nesse sentido, algumas ações são importantes para que esse caminho continue. Mello (2001) faz algumas sugestões em relação ao movimento paralímpico brasileiro que merecem ser registradas: adequação de calendários esportivos nacionais e internacionais; estímulo a competições locais e regionais; investimento no desenvolvimento de atividades de classificação funcional, podendo ser somado a tais pontos o estímulo a competições internacionais nos dias de hoje. É importante considerar que, embora os apontamentos de Melo (2001) tenham sido feitos há nove anos, os dados apresentados neste livro indicam que o movimento paralímpico brasileiro vem se desenvolvendo justamente nessa direção sugerida pelo autor, o que parece ser um trabalho positivo para o esporte liderado, principalmente, pelo CPB.

Considerações finais **275**

No mesmo sentido, Costa (2009b), em palestra no III Congresso de Ciências do Esporte, realizado na cidade de Campinas, em São Paulo, aponta que a evolução do esporte paralímpico, em um futuro próximo, deve ser a criação de federações únicas entre esporte olímpico e paralímpico. Com base nos dados coletados, pode-se apontar que hoje isso é algo dificultado pelas inúmeras organizações caracterizadas por deficiência e pela constatada valoração e função política dessas entidades, como órgão de representação e afirmação de capacidades de gerência e realização de pessoas com deficiência. Porém, mostra-se possível em alguns casos, como no tênis de campo, no qual a federação convencional incluiu a modalidade adaptada, e também pelo crescimento das federações monoesportivas no Brasil.

Por tudo isso, essa última tendência (monoesportiva), quando de forma exclusiva para o esporte paralímpico, parece ser mais viável no Brasil, pois lida com especificidades de determinada modalidade destinada a atletas com deficiência e ainda preserva o caráter político-representativo deles.

Quanto às perspectivas do esporte para atletas com deficiência para o século XXI, De Pauw e Gavron (1995) citam: maior ligação entre entidades de organização do esporte adaptado e do convencional; aumento do nível de desempenho de atletas de elite; aumento da especialização dos atletas; classificação orientada mais pela habilidade do que pela deficiência; aumento da igualdade de oportunidades entre gênero, etnias, raça e classes sociais diferenciadas; aumento da participação de pessoas com deficiência na estrutura de organização do esporte; e aumento de interesse do público por essa forma de esporte. É possível já perceber tais ocorrências nos dias de hoje, porém, algumas delas, até agora, somente de forma empírica não científica. E nisso se justifica e reside a contribuição científica deste trabalho.

Quanto à esfera da classificação, hoje mais direcionada à avaliação das capacidades dos atletas do que às suas limitações, com base nos dados apresentados há uma tendência a uma maior especialização do papel do classificador, o que requer preparação e formação. Porém, consequentemente, também agrega aumento de seu poder social.

Nesse sentido, essa esfera encontra-se rodeada de disputas entre agentes, ligadas ao controle, tanto de protocolos e procedimentos quanto de processos de alcance de violência simbólica (Bourdieu, 1989), relativa ao conhecimento específico sobre tais conteúdos. Além disso, há uma tendência dos órgãos brasileiros de administração esportiva paralímpica de seguir as determinações de seus representantes internacionais diretos. O que não explicita, como ficou evidente nos dados apresentados, uma tensão direta pelo controle dos processos, visto que tal ação diz respeito a órgãos internacionais, e os nacionais simplesmente os acatam. Porém, há certa disputa em relação às formas de recrutamento e envolvimento de agentes ligados a esses órgãos quanto à atuação em competições e eventos, o que confere aos sujeitos participantes e aos organizadores certo poder simbólico.

É possível também pontuar duas tendências ligadas à formação de classificadores no Brasil. Uma próxima à democratização do conhecimento específico, na qual são oferecidos cursos a um público em especial, que deseja atuar na área (pessoas com formação em nível superior e previamente envolvidas com esporte). Isso pode

Considerações finais **277**

representar uma mudança na forma de transmissão de capital simbólico neste meio, pois, como apresentado, parte-se de uma tendência anterior da transmissão desse bem social não formal para um aspecto formalizado por meio dos cursos. Outra tendência leva à limitação, em decorrência dos pré-requisitos exigidos (*habitus*) para que o sujeito se torne um classificador. De todo modo, é possível notar certa posição de vanguarda do setor de classificação no Brasil, em relação ao resto do mundo, quanto à formação e aos meios de atuação de classificadores, assim como na busca por sua qualificação e atuação mais próxima de técnicos, equipes e atletas.

Quanto ao profissionalismo no movimento paralímpico brasileiro, ainda é um campo em desenvolvimento, que conta com financiamento proveniente, principalmente, de empresas e instituições públicas. Ao mesmo tempo que existem tendências de crescimento da comercialização do esporte e financiamento de atletas, observa-se um relacionamento nem tão estreito entre a mídia brasileira, maior agente de nutrição do esporte profissional, e o movimento paralímpico do país, embora verifiquem-se grandes progressos nessa relação.

Nesse sentido, nota-se uma tendência, principalmente por parte do CPB, na busca por maior profissionalismo, tanto de atletas quanto de técnicos e equipes, visto que esses últimos, quando profissionais exclusivos do esporte, são, em minoria, especializados no esporte paralímpico.

Para os atletas, as regras e as formas de disputa pelo capital simbólico (mérito esportivo e apelo comercial) e econômico são claras e implícitas ao ambiente esportivo, pois derivam do desempenho e dos resultados do sujeito em espaços de disputa esportiva.

Inclusive, a posse de bens simbólicos pode se apresentar em um primeiro plano para esses atletas, o que confirma suas capacidades e os insere socialmente como indivíduos de sucesso. Tal perspectiva coloca-se no subcampo como algo anterior aos ganhos financeiros.

Porém, quanto a outros agentes (técnicos, dirigentes, mídia etc.), nota-se certa disputa pelo reconhecimento do valor comercial e simbólico de seu trabalho: os técnicos, que buscam a valorização em forma de ganhos financeiros e sociais; os dirigentes, que lutam por melhores financiamentos aos processos de treinamento e formação de atletas, comercialização do esporte e acúmulo de capital simbólico, o que pode lhes trazer ganhos e benefícios políticos; e a mídia, que detém o capital simbólico dessa esfera, norteando formas de divulgação e exigindo que o esporte se adapte a esta, e não o contrário.

Esse poder exercido pela mídia não se dá apenas em relação a bens financeiros, mas como agente que domina os processos de fomento e estímulo à comercialização do esporte. Nesse sentido, explica-se a tendência, principalmente de dirigentes, em adequar normas, regras e processos de competição à lógica da mídia, tentando fazer do esporte paralímpico um produto mais rentável, mesmo que, em algumas oportunidades, possa desprestigiar alguns agentes nesse subcampo, como atletas com deficiências mais severas, que podem ser prejudicados pela tendência de diminuição do número de classes em competições.

Quanto à presença de pessoas com deficiência em órgãos de administração, conclui-se que há uma disputa política entre grupos no movimento paralímpico. De um lado, pessoas com deficiência (não em sua totalidade) que buscam ganhos políticos em uma esfera macrocósmica da sociedade e acabam vendo no movimento paralímpico uma forma de representação e de exposição de sua luta; de outro, pessoas não deficientes que buscam espaço de ganhos políticos, econômicos e simbólicos no esporte paralímpico.

Nessa disputa, nota-se que os sujeitos entrevistados manifestam opiniões diversas. Enquanto os não deficientes defendem que a presença de qualquer pessoa em órgãos de administração depende não de sua condição física ou sensorial, mas, sim, de sua formação educacional e capacidade de atuação, há um entrevistado com deficiência que defende esse mesmo ponto, ao passo que outro, bastante vinculado a essa luta política, apoia a presença desse grupo em órgãos de poder, como forma de representação e de afirmação de suas capacidades perante a sociedade.

Esse discurso é reproduzido nas esferas ligadas à classificação e ao profissionalismo de técnicos esportivos. Porém, há certo consenso de que a formação educacional é um pré-requisito importante nas três esferas. No entanto, ao mesmo tempo, coloca-se como um impeditivo a muitas pessoas com deficiência, visto que ainda há um quadro de desigualdade na formação desses sujeitos na sociedade em relação a indivíduos não deficientes.

Não se percebeu, nesta pesquisa, uma hierarquia direta entre esses dois grupos (pessoas com deficiência e não deficientes). Ao que parece, o nível de poder deriva, nesse subcampo, além da condição e do envolvimento do agente diante da deficiência, também de sua capacidade política (visto processos democráticos de chegada ao poder) e formação educacional.

Por fim, pode-se caracterizar o subcampo do movimento paralímpico brasileiro como um espaço de algumas disputas específicas, expressas, entre outras formas, pela entrada de pessoas com deficiência em posições de poder, a tentativa de aproximação dessa forma de esporte com a mídia, assim como uma mudança em alguns capitais simbólicos e caminhos para alcançá-los, como explícito na esfera de classificação (cursos de capacitação de classificadores, por exemplo).

Tem-se também que, embora esta pesquisa tenha dividido três esferas de análise como ferramenta metodológica para a investigação do objeto, essa foi apenas uma opção de construção para direcionamento de ações de investigação. O que se percebe é que há uma relação complexa entre os processos de classificação de atletas, os setores técnicos ligados ao profissionalismo e os ambientes administrativos do esporte paralímpico no Brasil, que desenham íntima dependência entre tais esferas. Por exemplo, observa-se que as discussões a respeito do número de classes de disputa e seus protocolos de análise derivam não somente da tentativa de tornar a competição esportiva mais justa, mas também envolve perspectivas comerciais e políticas.

De todo modo, nota-se, de forma geral, um processo de profissionalização e expansão iminente ao esporte paralímpico brasileiro. Além disso, há uma busca por prestígio e valorização comercial, que passa por uma afirmação esportiva necessária (visto que a afirmação e o reconhecimento simbólicos precedem os ganhos econômicos no campo do esporte), e que está sendo, cada vez mais, alcançada. Entretanto, como em qualquer campo social, transformações são frutos de disputas e levam à criação de lutas entre novos agentes em ascensão que conseguem compreender e se qualificar melhor, a ponto de mudarem as formas de distribuição de capital.

Nesse sentido, há uma tendência à valorização da formação profissional para que as pessoas possam atuar nesse espaço, assim como a capacidade esportiva do atleta, que vem sendo cada vez mais valorizada como alto rendimento, em substituição à de sujeito com limitações. Tais transformações aproximam o esporte paralímpico do olímpico e o caracterizam, cada vez mais, como uma forma de manifestação do esporte contemporâneo. Mas é preciso cuidado com essa busca por comercialização para que o movimento paralímpico não perca sua essência, ou seja, não deixe de ser um espaço aberto a pessoas que, infelizmente, ainda não têm todas as oportunidades desejáveis na sociedade.

É possível afirmar esse perigo, visto os pré-requisitos exigidos para a formação do *habitus* específico desse subcampo, principalmente a formação educacional formal que pode, se não melhorada em uma perspectiva macro da sociedade, ser um fator impeditivo para a entrada de algumas pessoas com deficiência em um espaço que, em tese, deve ser mais aberto a elas.

Portanto, há no esporte paralímpico brasileiro um espaço de disputas pelo controle das práticas esportivas e comerciais próprias do esporte contemporâneo do século XXI, mas que ainda está em processo de conformação e afirmação de posição na sociedade, e o qual depende, como já explícito pela teoria dos campos de Pierre Bourdieu, tanto de ações internas quanto externas a seus limites sociais, dada sua autonomia relativa perante o campo esportivo como um todo e a sociedade brasileira e suas conformações e características sociais.

Referências

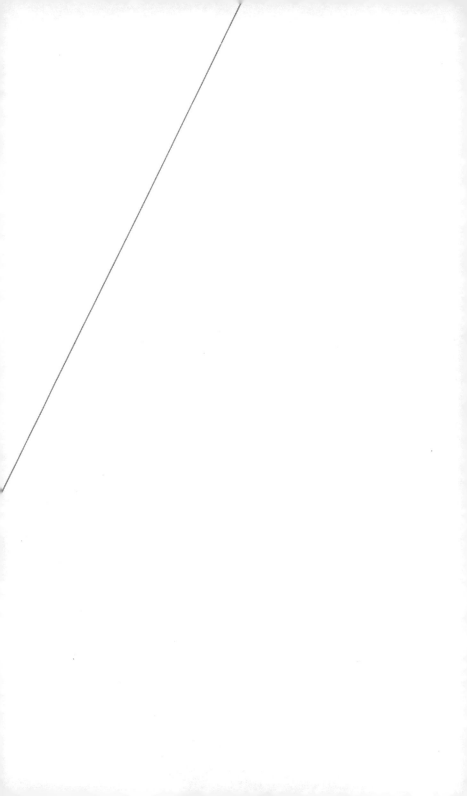

Aguiar, J. S.; Duarte, E. Educação inclusiva: um estudo na área de Educação Física. *Rev. Bras. Ed. Especial*, Marília, v. 11, n. 2, p. 223-40, 2005.

Alencar, B. *1996 Paraolimpíada*: o Brasil no pódio. Rio de Janeiro: [s.n.], 1997.

Almeida, J. J. G; Oliveira Filho, C. W. A iniciação e o acompanhamento do atleta deficiente visual. In: Sociedade Brasileira de Atividade Motora Adaptada. *Temas em Educação Física Adaptada*. SOBAMA, 2001, p. 81-5.

Ande. *História*. Disponível em: <http://www.ande.org.br>. Acesso em: nov. 2009.

Araújo, P. F. *Desporto adaptado no Brasil*: origem, institucionalização e atualidade. Brasília: Ministério da Educação e do Desporto/INDESP, 1998a.

Araújo, M. F. *Bases teórico-práticas para um programa empresarial de qualidade de vida do ser humano*. 1998. Tese (mestrado em engenharia de produção) – Universidade Federal de Santa Catarina, Florianópolis, 1998b.

Bailey, S. *Athlete first*: a history of the paralympic movement. West Sussex: John Wiley & Sons, 2008.

Bourdieu, P. *Questões de sociologia*. Rio de Janeiro: Marco Zero, 1983.

_____. *O poder simbólico*. Rio de Janeiro: Bertrand Brasil, 1989.

_____. *Coisas ditas*. São Paulo: Brasiliense, 1990.

_____. *Razões práticas*: sobre a teoria da ação. Campinas: Papirus, 1996.

_____. *Sobre a televisão*. Rio de Janeiro: Jorge Zahar, 1997.

BOURDIEU, P. Capital social. Notas provisórias. In: NOGUEIRA, M. A.; CATANI, A. M. (Org.). *Escritos de educação*. Petrópolis: Vozes, 1998. p. 65-9.

_____. *Economia das trocas simbólicas*. São Paulo: Perspectiva, 2003. p. 3-25.

_____. *Os usos sociais da ciência*: por uma sociologia clínica do campo científico. São Paulo: Editora UNESP, 2004.

BRACHT, V. *Sociologia crítica do esporte*: uma introdução. Vitória: UFES, 1997.

BRASIL. Presidência da República. Casa Civil. Subchefia para assuntos jurídicos. *Lei nº 10.672*. 2003. Disponível em: <http://www.planalto.gov.br/ccivil_03/Leis/2003/L10.672.htm>. Acesso em: 22 set. 2010.

_____. Presidência da República. Casa Civil. Subchefia para assuntos jurídicos. *Decreto nº 5.139*. 2004a. Disponível em: <http://legislacao.planalto.gov.br/legisla/legislacao.nsf/fraWeb?OpenFrameSet&Frame=frmWeb2&Src=%2Flegisla%2Fleg islacao.nsf%2FViw_Identificacao%2FDEC%25205.139-2004%3FOpenDocume nt%26AutoFramed>. Acesso em: 19 abr. 2010.

_____. Presidência da República. Casa Civil. Subchefia para assuntos jurídicos. *Lei nº 10.891*. 2004b. Disponível em: <https://www.planalto.gov.br/ccivil/_ato2004-2006/2004/lei/L10.891compilado.htm>. Acesso em: 19 abr. 2010.

_____. I Conferência Nacional do Esporte: esporte, lazer e desenvolvimento humano. *Texto final*. 2004c. Disponível em: <http://www.esporte.gov.br/conferencia-nacional/arquivos/teseFinal.pdf>. Acesso em: 29 abr. 2010.

_____. Presidência da República. Casa Civil. Subchefia para assuntos jurídicos. *Lei nº 11.438*. 2006. Disponível em: <http://www.cpb.org.br/institucional/lesgilacao/lei-no-11.438-de-29-de-dezembro-de-2006>. Acesso em: 19 abr. 2010.

_____. II Conferência Nacional de Esporte: documento final. Brasília: Ministério do Esporte, 2007.

BRASIL. *Caderno III: desenvolvimento institucional.* Coletânea Esporte e Lazer: políticas de estado. Brasília: Ministério do Esporte, 2009.

_____. *III Conferência Nacional do Esporte.* Propostas encaminhadas aos anais. 2010a. Disponível em: <http://portal.esporte.gov.br/conferencianacional/resolucoesIIICNE.jsp>. Acesso em: 27 set. 2010.

_____. *Medida provisória nº 502.* Esporte de alto rendimento. 2010b. Disponível em: <http://www.planalto.gov.br/ccivil_03/_Ato2007-2010/2010/Mpv/502.htm>. Acesso em: 27 set. 2010.

_____. *Bolsa atleta.* 2012. Disponível em: <http://www.caixa.org.br/voce/social/beneficio/bolsa_atleta/index.asp>. Acesso em: 21 set. 2012.

BRAZUNA, M. R.; CASTRO, E. M. A trajetória do atleta portador de deficiência física no esporte adaptado de rendimento. Uma revisão de literatura. *Rev. Motriz*, v. 7, n. 2, p. 115-23, 2001.

BRITTAIN, I. *The paralympic games explained.* New York: Routledge, 2010.

CARMO, A. A. Atividade motora adaptada e inclusão escolar: caminhos que não se cruzam. In: RODRIGUES, D. (Org.). *Atividade motora adaptada*: a alegria do corpo. São Paulo: Artes Médicas, 2006. p. 51-61.

CARVALHO, J. V. Dimensões da alta competição para atletas com deficiência In: RODRIGUES, D. (Org.). *Atividade motora adaptada*: a alegria do corpo. São Paulo: Artes Médicas, 2006. p. 199-213.

CARVALHO, B. L. P. *Associativismo, lazer e esporte nos clubes sociais de Campinas.* 2009. Dissertação (Mestrado em Educação Física) – Faculdade de Educação Física, Universidade Estadual de Campinas, Campinas, 2009.

CASTRO, E. M. *Atividade física adaptada.* Ribeirão Preto: Tecmedd, 2005.

CASTRO, E. M. Atividade motora adaptada para crianças com atraso no desenvolvimento: a ação pedagógica segundo a abordagem dos sistemas dinâmicos. In: RODRIGUES, D. (Org.). *Atividade motora adaptada*: a alegria do corpo. São Paulo: Artes Médicas, 2006. p. 105-17.

CASTELLANO, M. L. *Classificação no basquete sobre rodas*: critérios e procedimentos. 2001. Dissertação (Mestrado) – Faculdade de Educação Física, Universidade Estadual de Campinas, Campinas, 2001.

CATANI, A. M. Pierre Bourdieu e a formulação de uma teoria social que procura revelar os fundamentos ocultos da dominação. In: BRUHNS, H. T.; GUTIERREZ, G. L. (Org.). *O corpo e o lúdico*: ciclo de debates lazer e motricidades. Campinas: Autores Associados, 2000. p. 53-65.

CBDS. *CBDS*: uma história de sucesso. 2009. Disponível em: <http://www.cbds.org.br/2historico.html>. Acesso em: dez. 2009.

CIDADE, R. E. A. A construção social da eficiência do deficiente: uma breve incursão. In: RODRIGUES, D. (Org.). *Atividade motora adaptada*: a alegria do corpo. São Paulo: Artes Médicas, 2006. p. 17-27.

CIDADE, R. E. A.; FREITAS, P. S. *Introdução à educação física e ao desporto para pessoas portadoras de deficiência*. Curitiba: UFPR, 2002.

CISS. *Time-line*. 2009. Disponível em: <http://www.deaflympics.com/news/index.asp?ID=254>. Acesso em: dez. 2009.

COMITÊ ORGANIZADOR DOS JOGOS OLÍMPICOS E PARALÍMPICOS DE LONDRES. *Sports*. 2010. Disponível em: <http://www.london2012.com/games/olympic-sports/index.php>. Acesso em: 10 abr. 2010.

COMITÊ ORGANIZADOR DOS JOGOS OLÍMPICOS E PARALÍMPICOS DE SOCHI. *Sports*. 2010. Disponível em: <http://sochi2014.com/en/games/sport/paralympic-games/sports/>. Acesso em: 10 abr. 2010.

Comité Organizador dos Jogos Parapanamericanos Rio 2007. *Cartilha para professores*. CPB, 2007.

Conde, A. J. M. A criança portadora de deficiência visual usando o seu corpo e descobrindo o mundo. In: Ministério do Esporte e Turismo. *Lazer, atividade física e esportiva para portadores de deficiência*. Brasília: SESI-DN/MET, 2001. p. 135-76.

Conde, A. J. M.; Souza Sobrinho, P. A.; Senatore, V. *Introdução ao movimento paraolímpico*: manual de orientação para professores de Educação Física. Brasília: Comitê Paraolímpico Brasileiro, 2006.

Costa, A. M. Atividade física e esportes para portadores de deficiência. In: Ministério do Esporte e Turismo. *Lazer, atividade física e esportiva para portadores de deficiência*. Brasília: SESI-DN/MET, 2001. p. 53-87.

_____. Esporte adaptado no Brasil: evolução e perspectivas. In: Congresso de Ciências do Desporto, 3.; Simpósio Internacional de Ciências do Desporto, 2., 2009, Campinas. *Anais...* Campinas: Universidade Estadual de Campinas, 2009a.

_____. *Esporte adaptado*. In: Congresso de Ciências do Desporto, 3.; Simpósio Internacional de Ciências do Desporto, 2., 2009, Campinas. *Anais...* Campinas: Universidade Estadual de Campinas, 2009b.

Costa, A. M.; Santos, S. S. Participação do Brasil nos Jogos Paraolímpicos de Sidney: apresentação e análise. *Rev. Bras. Med. Esporte*, Niterói, v. 8, n. 3, p. 70-6, mai/jun 2002.

Costa, A. M.; Souza, S. B. Educação Física e esporte adaptado: história, avanços e retrocessos em relação aos princípios da integração/inclusão e perspectivas para o século XXI. *Rev. Bras. Ciênc. Esporte*, Campinas, v. 25, n. 3, p. 27-42, maio 2004.

CPISRA. *Home page*. 2010. Disponível em: <http://www.cpisra.org/>. Acesso em: 19 abr. 2010.

CPB. *Conheça o CPB*. 2009a. Disponível em: <http://www.cpb.org.br/institucional/conheca>. Acesso em: dez. 2009.

CPB. *Comunicado de doping*. 2009b. Disponível em: <http://www.cpb.org.br/comunicacao/noticias/comunicado-de-doping>. Acesso em: dez. 2009.

_____. *Especialistas se reúnem na Alemanha*. Novo sistema de classificação visual. 2010. Disponível em: <http://www.cpb.org.br/comunicacao/noticias/especialistas-se-reunem-em-bonn-na-suica/view>. Acesso em: 01 out. 2010.

_____. *Institucional*. 2012. Disponível em: <http://www.cpb.org.br/institucional>. Acesso em: 21 set. 2012.

CRAFT, D. H.; LIEBERMAN, L. Deficiência visual e surdez. In: WINNICK, J. P. (Ed.). *Educação física e esportes adaptados*. 3. ed. Barueri: Manole, 2004. p. 181-205.

CRAIDE, S. Fraude em paraolimpíadas de Sidney deixa deficientes mentais fora dos Jogos do Rio. *Agência Brasil*. 2000. Disponível em: <http://www.agenciabrasil.gov.br>. Acesso em: dez. 2009.

DARIDO, S. C. As Olimpíadas de Sydney: o desempenho do Brasil e algumas implicações pedagógicas. *Revista Motriz*, Rio Claro, v. 6, n. 2, p. 101-5, 2000.

DAVIES, R. W.; FERRARA, M. S. Sports medicine and athletes with disabilities. In: DEPAUW, K.; GAVRON, S. J. *Disability and sport*. Champaign: Human Kinetics, 1995. p. 133-49.

DE PAUW, K.; GAVRON, S. J. *Disability and sport*. Champaign: Human Kinectics, 1995.

DOLL-TEPPER, G. The sport science committee of the International Paralympic Committee: history and future directions. In: PARALYMPIC CONGRESS, 3. *Abstract Digest...* Atlanta: Atlanta Paralympic Organizing Committee, 1996. p. 50.

DUARTE, E. Adaptação e a pessoa portadora de deficiência. In: CONGRESSO BRASILEIRO DE ATIVIDADE MOTORA ADAPTADA, 4., Curitiba. *Anais...* Curitiba: SOBAMA, 2001. p. 35-6.

DUARTE, E.; SANTOS, T. P. Adaptação e inclusão. In: DUARTE, E.; LIMA, S. M. T. *Atividade física para pessoas com necessidades especiais*: experiências e intervenções pedagógicas. Rio de Janeiro: Guanabara Koogan, 2003. p. 93-9.

DUNCAN, M. C. The sociology of ability and disability in Phisycal Activity. *Sociol. Sport J.*, v. 18, p. 1-4, Human Kinectis Publisher, Inc., 2001.

DUNNING, E.; CURRY, G. Escolas públicas, rivalidade social e o desenvolvimento do futebol. In: GEBARA, A.; PILATTI, L. A. (Org.). *Ensaios sobre história e sociologia nos esportes*. Jundiaí: Fontoura, 2006. p. 45-76.

ELIAS, N.; DUNNING, E. *A busca da excitação*. Lisboa: Difusão, 1992.

FLORENCE, R. B. P. *Medalhistas de ouro nas paraolimpíadas de Atenas 2004*: reflexões de suas trajetórias no desporto adaptado. 2009. Tese (Doutorado) – Faculdade de Educação Física, Universidade Estadual de Campinas, Campinas, 2009.

GALATTI, L. R. *Esporte e clube socioesportivo*: percurso, contextos e perspectivas a partir de estudo de caso em clube esportivo espanhol. 2010. Tese (Doutorado em Educação Física) – Faculdade de Educação Física, Universidade Estadual de Campinas, Campinas, 2010.

GLAT, R. *A integração social dos portadores de deficiências*: uma reflexão. Rio de Janeiro: 7Letras, 1995.

GOLD, J. R.; GOLD, M. M. Acess for all: the rise of the Paralympic Games. *J. Roy. Soc. Promot. Health*, v. 127, n. 3, p. 133-41, 2007.

GOMES, M. P.; MORATO, M. P.; ALMEIDA, J. J. G. Judô paraolímpico: comparação e reflexões sobre as realidades de diferentes seleções femininas. *Rev. Conexões*, v. 9, n. 2, p. 85-109, 2011.

GOODWIN, D. et al. It's okay to be a quad: wheelchair rugby player's sens of community. *Adapted Physical Activity Quaterly*, v. 26, p. 102-17, 2009.

GOOSEY-TOLFREY, V. Supporting the Paralympic athlete: focus on wheeled sports. *Disability and reahabilitation*, v. 32, n. 26, p. 2237-43, 2010.

GORGATTI, M. G.; GORGATTI, T. O esporte para pessoas com necessidades especiais. In: GORGATTI, M. G.; COSTA, R. F. *Atividade física adaptada*: qualidade de vida para pessoas com necessidades especiais. Barueri: Manole, 2005. p. 413-519.

GUTIERREZ, G. L. A contribuição da teoria da ação comunicativa para a pesquisa sobre o lazer. In: BRUHNS, H. T. (Org.). *Lazer e ciências sociais*: Diálogos pertinentes. São Paulo: Chronos, 2002. p. 149-74.

GUTTMANN, A. *From ritual to record*: the nature of modern sports. New York: Columbia University Press, 1978.

HARADA, C. M.; SIPERSTEIN, G. N. The sport experience of athletes with intelectual disabilities: a national survey os Special Olympics athletes on their families. *Adapted Physical Activity Quaterly* , v. 26, p. 68-85, 2009.

HOWE, P. D. *Sport, professionalism and pain*: ethnographies of injury and risk. New York: Routledge, 2004.

_____. The tail is wagging the dog: body culture, classification and the paralympic movement. *Etnography*, v. 9, n. 4, p. 455-517, 2008a.

_____. *The cultural politics of the paralympic moviment*. Through an anthropological lens. New York: Routledge, 2008b.

_____. Cyborg and supercrip: the Paralympics technology and the (dis)empowerment of disabled athletes. *Sociology*, v. 45, n. 5, p. 868-82, 2011.

HOWE, P. D.; JONES, C. Classification of disabled athletes: (dis)empowering the paralympic practice community. *Adapted Physical Activity Quaterly*, v. 23, p. 29-46, 2006.

Referências **293**

IBGE. *Censo 2010*. Disponível em: <http://www.ibge.gov.br/home/estatistica/populacao/censo2010/calendario.shtm>. Acesso em: 18 set. 2012.

IBSA. *Sponsors*. 2010. Disponível em: <http://www.ibsa.es/eng/patrocinadores.htm>. Acesso em: 19 abr. 2010.

INAS-FID. *About INAS-FID*. Disponível em: <http://www.inas-fid.org/aboutinas.html>. Acesso em: nov. 2009.

IOC. *Home page*. 2008. Disponível em: <http://www.olympic.org/uk/index_uk.asp>. Acesso em: 10 abr. 2008.

IPC. *History and background os IPC and Paralympic Games*. (Impresso). Paralympic games Workshop, Vancouver, 2005.

_____. *Home page*. 2008a. Disponível em: <http://www.paralympic.org/release/Main_Sections_Menu/index.html>. Acesso em: 10 abr. 2008.

_____. *Classification*. In Press. 2008b.

_____. *Memorandum*. Re-inclusion of athletes with intellectual impairment in paralympic sport. 2009. Disponível em: <http://www.paralympic.org>. Acesso em: dez. 2009.

_____. *IPC General Structure*. 2012. Disponível em: <http://www.paralympic.org/TheIPC/HWA/operationalstructure/>. Acesso em: 21 set. 2012.

IWAS. *Home Page*. 2010. Disponível em: <http://www.iwasf.com/iwasf/index.cfm>. Acesso em: 19 abr. 2010.

JORDÁN, M. A. T. Desporto paraolímpico: desenvolvimento e perspectivas. In: CONGRESSO DE CIÊNCIAS DO DESPORTO, 1., CAMPINAS. *Anais...*, Universidade Estadual de Campinas, Campinas, 2006.

JORDÁN, M. A. T. *Esporte adaptado*. In: CONGRESSO DE CIÊNCIAS DO DESPORTO, 3.; SIMPÓSIO INTERNACIONAL DE CIÊNCIAS DO DESPORTO, 2., 2009, Campinas. *Anais...* Campinas: Universidade Estadual de Campinas, 2009.

KELLY, L. Deficiências medulares. In: WINNICK, J. P. (Ed.). *Educação física e esportes adaptados*. 3. ed. Barueri: Manole, 2004. p. 249-70.

KOENEN, K. Paralympic competition or technical showdown? In: GILBERT, K.; SCHANTZ, O. J. (Ed.). *The paralympic games*: empowerment or side show? Maidenhead: Meyer & Meyer, 2008. p. 134-39.

KREBS, P. Retardo mental. In: WINNICK, J. P. (Ed.). *Educação física e esportes adaptados*. 3. ed. Barueri: Manole, 2004. p. 125-45.

KRUIMER, A. Apples and oranges. In: *III Paralympic Congress*. Atlanta, 1996. p. 36.

KUNZ, E. *Transformação didático-pedagógica do esporte*. Ijuí: Ed. Unijuí, 1994.

LANDRY, F. Paralympic Games and social integration. In: MIRAGAS, M.; BOTELLA, M. *The keys to sucess*: the social, sporting, economic and communications impact of Barcelona'92. Barcelona: Servei de Publications de la UAB, 1995. p. 124-38.

LEFÈVRE, F.; LEFÈVRE, A. M. C. *O discurso do sujeito coletivo*: um novo enfoque em pesquisa qualitativa (desdobramentos). 2. ed. Caxias do Sul: EDUCS, 2005.

LEITÃO, M. T. K. *Perspectivas de atuação profissional*: um estudo de caso das Olimpíadas Especiais. 2002. Tese (Doutorado) – Faculdade de Educação Física, Universidade Estadual de Campinas, Campinas, 2002.

LOVISOLO, H. Atividade física e saúde: uma agenda sociológica de pesquisa. In: MOREIRA, W. W.; SIMÕES, R. (Org.). *Esporte como fator de qualidade de vida*. Piracicaba: Unimep, 2002. p. 277-96.

MacDonald, M. Media and the paralympic games. In: Gilbert, K.; Schantz, O. J. (Ed.). *The paralympic games*: empowerment or side show? Maidenhead: Meyer & Meyer, 2008. p. 68-78.

Marchi Jr., W. Bourdieu e a teoria do campo esportivo. In: Proni, M. W.; Lucena, R. F. (Org.). *Esporte*: história e sociedade. Campinas: Autores Associados, 2002. p. 77-111.

_____. Como é possível ser esportivo e sociológico? In: Gebara, A.; Pilatti, L. A. (Org.). *Ensaios sobre história e sociologia nos esportes*. Jundiaí: Fontoura, 2006. p. 159-95.

Marques, R. F. R. *Esporte e qualidade de vida*: reflexão sociológica. 2007. Dissertação (Mestrado em Educação Física) – Faculdade de Educação Física, Universidade Estadual de Campinas, Campinas, 2007.

Marques, R. F. R.; Gutierrez, G. L.; Almeida, M. A. B. O esporte contemporâneo e o modelo de concepção das formas de manifestação do esporte. *Rev. Conexões*, Campinas, v. 6, n. 2, 2008.

Marques, R. F. R.; Gutierrez, G. L. Contribuições teóricas da obra de Pierre Bourdieu à educação nutricional. In: Mendes, R. T.; Vilarta, R.; Gutierrez, G. L. (Org.). *Qualidade de vida e cultura alimentar*. Campinas: IPES, 2009. p. 97-106.

Marques, R. F. R.; Gutierrez, G. L.; Montagner, P. C. Novas configurações socioeconômicas do esporte contemporâneo. *Rev. Ed. Física/UEM*, Maringá, v. 20, n. 4, p. 637-48, 2009.

Marques, R. F. R. et al. Esporte olímpico e paraolímpico: coincidências, divergências e especificidades em uma perspectiva contemporânea. *Revista Brasileira de Educação Física e Esporte*, São Paulo, v. 23, n. 4, p. 365-77, out./dez. 2009.

Marques, R. F. R.; Gutierrez, G. L.; Almeida, M. A. B. Investigação sobre as configurações sociais do subcampo do esporte paralímpico no Brasil: os processos de classificação de atletas. *Rev. Ed. Física/UEM*, v. 23, n. 4, 2012.

MATTOS, E. Atividade física nos distúrbios neurológicos e musculares. In: GORGATTI, M. G.; COSTA, R. F. *Atividade física adaptada*: qualidade de vida para pessoas com necessidades especiais. Barueri: Manole, 2005. p. 218-47.

MELLO, M. T. Avaliação dos atletas paraolímpicos brasileiros: Sidney 2000. In: SOCIEDADE BRASILEIRA DE ATIVIDADE MOTORA ADAPTADA. *Temas em Educação Física Adaptada*. SOBAMA, 2001. p. 74-80.

MINAYO, M. C. S. *O desafio do conhecimento*. Pesquisa qualitativa em saúde. 9. ed. São Paulo: Hucitec, 2006.

MORAIS, R. Motricidade humana e déficits existenciais. In: RODRIGUES, D. (Org.). *Atividade motora adaptada*: a alegria do corpo. São Paulo: Artes Médicas, 2006. p. 3-15.

MORATO, M. P. et al. A mediação cultural no futebol para cegos. *Rev. Movimento*, v. 17, n. 4, p. 45-63, 2011.

MORGAN, W. J. Social criticism as moral criticism: a habermasian take on sport. *Journal of Sport and Social Issues*, v. 26, p. 281-99, 2002.

MUNSTER, M. A. V.; ALMEIDA, J. J. G. Atividade física e deficiência visual. In: GORGATTI, M. G.; COSTA, R. F. *Atividade física adaptada*: qualidade de vida para pessoas com necessidades especiais. Barueri: Manole, 2005. p. 28-76.

_____. Um olhar sobre a inclusão de pessoas com deficiência em programas de atividade motora: do espelho ao caleidoscópio. In: RODRIGUES, D. (Org.). *Atividade motora adaptada*: a alegria do corpo. São Paulo: Artes Médicas, 2006. p. 81-91.

MUNSTER, M. A. V. et al. Goalball: uma proposta inclusiva. In: ALMEIDA, J. J. G. et al. (Org.). *Goalball*: invertendo o jogo da inclusão. Campinas: Autores Associados, 2008. p. 9-15.

NIXON II., H. L. Constructing diverse sports opportunities for people with disabilities. *Journal of Sport and Social Issues*. v. 31, n. 4, p. 417-33, nov. 2007.

NOVAIS, R. A.; FIGUEIREDO, T. H. A visão bipolar do pódio: olímpicos versus paralímpicos na mídia on-line do Brasil e de Portugal. *Logos 33*, v. 17, n. 2, p. 78-89, 2010.

NUNN, C. Coaching at the paralympic level: if only the administrators understood. In: GILBERT, K.; SCHANTZ, O. J. (Ed.). *The paralympic games*: empowerment or side show? Maidenhead: Meyer & Meyer, 2008. p. 102-14.

NYLAND, J. The paralympic movement: addiction by substraction. *Journal of orthopedic and sports physical terapy*. v. 39, n. 4 , p. 243-5, abr. 2009.

OLIVEIRA, D. T. R. *Por uma ressignificação crítica do esporte na Educação Física*: uma intervenção na escola pública. 2002. Dissertação (Mestrado em Educação Física) – Faculdade de Educação Física, Universidade Estadual de Campinas, Campinas, 2002.

OLIVEIRA FILHO, C. W. et al. Análise técnica e contextualização da prática esportiva de atletas participantes dos IV Jogos Pan-americanos IBSA 2005. *Rev. Conexões*, Campinas, v. 4, n. 1, p. 99-112, 2006.

PACIOREK, M. J. Esportes adaptados. In: WINNICK, J. P. (Ed.). *Educação física e esportes adaptados*. 3. ed., Barueri: Manole, 2004. p. 37-51.

PAES, R. R. *Educação física escolar*: o esporte como conteúdo pedagógico do ensino fundamental. Canoas: Ulbra, 2001.

PEDRINELLI, V. J.; VERENGUER, R. C. G. Educação Física Adaptada: introdução ao universo das possibilidades. In: GORGATTI, M. G.; COSTA, R. F. *Atividade física adaptada*: qualidade de vida para pessoas com necessidades especiais. Barueri: Manole, 2005. p.1-27.

PEDRINELLI, V. J. Por uma vida ativa: a deficiência em questão. In: RODRIGUES, D. (Org.). *Atividade motora adaptada*: a alegria do corpo. São Paulo: Artes Médicas, 2006. p. 215-27.

Peers, D. Athlete first: a history of the paralympic moviment. Book review. *Adapted Physical Activity Quaterly*, v. 26, p. 187-8, 2009.

Penafort, J. D. *A integração do esporte adaptado com o esporte convencional a partir da inserção de provas adaptadas*: um estudo de caso. 2001. Dissertação (Mestrado) – Faculdade de Educação Física, Universidade Estadual de Campinas, Campinas, 2001.

Pereira, A. L; Silva, M. O.; Pereira, O. O valor do atleta com deficiência. Estudo centrado na análise de um periódico português. *Rev. Portuguesa de Ciências do Desporto*, v. 6, n. 1, p. 65-77, 2006.

Pettengill, N. G. Política Nacional do Esporte para pessoas portadoras de deficiência. In: Ministério do Esporte e Turismo. *Lazer, atividade física e esportiva para portadores de deficiência*. Brasília: SESI-DN/MET, 2001, p. 19-51.

Pilatti, L. A. *Os donos das pistas*: uma efígie sociológica do esporte federativo brasileiro. 2000. Tese (Doutorado) – Faculdade de Educação Física, Universidade Estadual de Campinas, Campinas, 2000.

_____. Pierre Bourdieu: apontamentos para uma reflexão metodológica da história do esporte moderno. *Lecturas Educación Física y Deportes*, Buenos Aires, v. 2, n. 97, jun. 2006.

Pilz, G. A. Sociologia do esporte na Alemanha. *Rev. Estudos históricos*: esporte e lazer. v. 1, n. 23, p. 3-17, 1999.

Pimenta, T. F. F. *A constituição de um subcampo do esporte*: o caso do Taekwondo. 2007. Dissertação (Mestrado em Sociologia) – Departamento de Sociologia, Universidade Federal do Paraná, Curitiba, 2007.

Porreta, D. L. Paralisia cerebral, acidente vascular cerebral (AVC) e traumatismo crânio-encefálico (TCE) In: Winnick, J. P. (Ed.). *Educação física e esportes adaptados*. 3. ed., Barueri: Manole, 2004a. p. 207-27.

Referências **299**

_____. Amputação, nanismo e *Les autres*. In: Winnick, J. P. (Ed.). *Educação física e esportes adaptados*. 3. ed., Barueri: Manole, 2004b. p. 229-47.

Proni, M. W. *Esporte-espetáculo e futebol-empresa*. 1998. Tese (Doutorado em Educação Física) – Faculdade de Educação Física, Universidade Estadual de Campinas, Campinas, 1998.

_____. Brohm e a organização capitalista do esporte. In: Proni, M. W.; Lucena, R. F. (Org.). *Esporte*: história e sociedade. Campinas: Autores Associados, 2002. p. 31-61.

Potência inesperada: uma aplicação eficiente de recursos explica os bons resultados do Brasil nos jogos de Pequim. *Revista Época*, n. 539, set. 2008.

Ribeiro, S. M. Inclusão e esporte: um caminho a percorrer. In: Sociedade Brasileira de Atividade Motora Adaptada. *Temas em Educação Física Adaptada*. SOBAMA, 2001, p. 33-7.

Ribeiro, S. M.; Araujo, P. F. A formação acadêmica refletindo na expansão do desporto adaptado: uma abordagem brasileira. *Rev. Bras. Ciências do Esporte*. Campinas, v. 25, n. 3, p. 57-69, maio 2004.

Richter, K J. et al. Integrated swimming classification: a faulled system. *Adapted Physical Activity Quaterly*, v. 9, p. 5-13, 1992.

Richter, K. The drug dilemma: IOC, IPC or perplexity? In: *III Paralympic Congress*. Atlanta, 1996. p. 33.

Rodrigues, D. As dimensões da adaptação de atividades motoras. In: Rodrigues, D. (Org.). *Atividade motora adaptada*: a alegria do corpo. São Paulo: Artes Médicas, 2006a. p. 39-47.

_____. As promessas e as realidades da inclusão de alunos com necessidades especiais nas aulas de Educação Física. In: Rodrigues, D. (Org.). *Atividade motora adaptada*: a alegria do corpo. São Paulo: Artes Médicas, 2006b. p. 63-9.

O esporte paralímpico no Brasil

ROSADAS, S. C. *Atividade física adaptada e jogos esportivos para o deficiente*: eu posso. Vocês duvidam? Rio de Janeiro/SP: Atheneu, 1989.

ROSADAS, S. C. Atividade física e esportiva para portadores de deficiência mental. In: MINISTÉRIO DO ESPORTE E TURISMO. *Lazer, atividade física e esportiva para portadores de deficiência*. Brasília: SESI-DN/MET, 2001. p. 89-134.

SAINSBURY, T. Paralímpicos: pasado, presente y futuro. *Lección universitária olímpica*. Barcelona: Centre d'Estudis Olimpics (UAB), 2004.

SASSAKI, R. K. *Inclusão*: construindo uma sociedade para todos. 4. ed. Rio de Janeiro: WVA, 2002.

SCHANTZ, O. J.; GILBERT, K. An ideal misconstructed: newspaper coverage of the Atlanta Paralympic games in France and Germany. *Sociol. Sport J.*, v. 18, p. 69-94, 2001.

SHERRIL, C. Disability sport and classification theory: a new era. *Adapted Physical Activity Quaterly*, v. 16, p. 206-15, 1999.

SILVA, R. F. *A atividade motora adaptada*: o conhecimento produzido nos programas *stricto-sensu* em Educação Física no Brasil. 2009. Tese (Doutorado) – Faculdade de Educação Física, Universidade Estadual de Campinas, Campinas, 2009.

SOUZA, P. A. Educação Física, esporte e saúde: aspectos preventivos de reabilitação e terapêuticos. In: RODRIGUES, D. (Org.). *Atividade motora adaptada*: a alegria do corpo. São Paulo: Artes Médicas, 2006a. p. 29-37.

SOUZA, J. V. Dimensões da organização de um centro de atividades motoras adaptadas para pessoas com deficiência com base na extensão universitária. In: RODRIGUES, D. (Org.). *Atividade motora adaptada*: a alegria do corpo. São Paulo: Artes Médicas, 2006b. p. 131-40.

Souza, J.; Marchi Jr., W. Por uma sociologia reflexiva do esporte: considerações teórico-metodológicas a partir da obra de Pierre Bourdieu. *Rev. Movimento*, v. 16, n. 1, jan./mar. 2010.

Stigger, M. P. *Educação física, esporte e diversidade*. Campinas: Autores Associados, 2005.

Tambucci, P. L. O esporte e a comunicação. In: Tambucci, P. L.; Oliveira, J. G. M. de; Coelho Sobrinho, J. (Org.). *Esporte e jornalismo*. São Paulo: CEPEUSP, 1997. p. 11-8.

Thomas, J. R; Nelson, J. K. *Métodos de pesquisa em atividade física*. Porto Alegre: Artmed, 2002.

Tolocka, R. E. In: Ferreira, E. L. (Org.). *Atividade física para pessoas com deficiências físicas*: vivências práticas. Juiz de Fora: Ed. UFJF, 2008. p. 21-47.

Triviños, A. N. S. *Introdução à pesquisa em ciências sociais*. A pesquisa qualitativa em Educação. São Paulo: Atlas, 1995.

Tubino, M. J. G. *Dimensões sociais do esporte*. São Paulo: Cortez/Autores Associados, 1992.

_____. Esporte, política e Jogos Olímpicos. In: Tambucci, P. L.; Oliveira, J. G. M.; Sobrinho, J. C. *Esporte e jornalismo*. São Paulo: CEPEUSP, 1997. p. 19-23.

Tweedy, S.; Vandlandewijck, Y. International Paralympic Committee position stad: background and scientific principles of classification in Paralympic sport. *Br. J. Sports Med.*, v. 45, p. 259-269, 2011.

Van de Vliet, P. Antidoping in paralympic sport. *Clin. J. Sport Med.*, v. 22, n. 1, p. 21-5, 2012.

Vandlandewick, Y. Sport science in the paralympic movement. *J. Rehabil. Res. Dev.*, v. 43, n. 7, p. XVII-XXIV, 2006.

Vaz, I. B. A dança como modalidade esportiva na ABRADECAR. In: Simpósio Internacional Dança em Cadeira de Rodas. *Anais...*, Campinas, Curitiba: ABRADECAR/ Unicamp, 2001, p.161-72.

Vlak, T.; Padjen, I.; Pivalica, D. Paralympians: unknown heroes next door. *Croat. Med. J.*, v. 50, n.6, p. 527-30, dez. 2009.

Waddington, I. A história recente do uso de drogas nos esportes: a caminho de uma compreensão sociológica. In: Gebara, A.; Pilatti, L. A. (Org.). *Ensaios sobre história e sociologia nos esportes*. Jundiaí: Fontoura, 2006. p. 13-43.

Wheeler, G. D. et al. Personal investiment in disability sport careers: an international study. *Adapted Physical Activity Quaterly*, v. 16, p. 219-37, 1999.

Williams, T. Disability sport socialization and identity construction. *Adapted Physical Activity Quaterly*, v. 11, p. 14-31, 1994.

Winnick, J. P. An integrated continuum for sport participation. *Adapted Physical Activity Quaterly*, v. 4, p. 157-61, 1987.

_____. Introdução à educação física e esportes adaptados. In: Winnick, J. P. (Ed.). *Educação física e esportes adaptados*. 3. ed. Barueri: Manole, 2004a, p. 3-19.

_____. Organização e gerenciamento de programas. In: Winnick, J. P. (Ed.). *Educação física e esportes adaptados*. 3. ed., Barueri: Manole, 2004b, p. 21-35.

Wu, S. K.; Williams, T. Paralympic swimming performance, impairment and the functional classification system. *Adapted Physical Activity Quaterly*, v. 16, p. 251--70, 1999.

Wu, S. K.; Williams, T.; Sherril, C. Classifiers as agents of social control in disability swimming. *Adapted Physical Activity Quaterly*, v. 17, p. 421-36, 2000.

Sobre o Livro
Formato: 14 x 21 cm
Mancha: 10,3 x 16,8 cm
Papel: Offset 90 g
nº páginas: 304
Tiragem: 2.000 exemplares
1ª edição: 2014

Este liuro segue o nouo
Acordo Ortográfico
da Língua Portuguesa

Equipe de Realização
Assistência editorial
Liris Tribuzzi

Assessoria editorial
Maria Apparecida F. M. Bussolotti

Edição de texto
Gerson Silva (Supervisão de revisão)
Jaqueline Carou (Preparação do original e copidesque)
Dyda Bessana e Elise Garcia (Revisão)

Editoração eletrônica
Évelin Kovaliauskas Custódia (Capa, projeto gráfico e diagramação)
Douglas Docelino (Ilustração)

Fotografia
MichaelSvoboda | iStockphoto (Fotos de capa)

Impressão
Intergraf